KB269350

한국 문화 이야기

인돈학술총서 2

한국 문화 이야기

외국인의 눈으로 바라본 1960년대 우리의 삶

폴 크레인 지음
천사무엘 · 김균태 · 오승재 옮김

동연

　오늘날 의사는 인간의 상황을 전체적으로 보도록 교육을 받는다. 그런 다음에는 부분적으로, 그리고 계통적으로 나누어 검진한 뒤에 그가 발견한 것들을 순서를 정해 체계적으로 정리한다. 이렇게 하는 것은 미래에 대한 경고로서 나타날 수 있는 환자의 증상과 상태를 더 잘 이해할 수 있기 때문이다. 그런 다음 의사는 간단한 진단을 하면서 치료하기 위한 합리적인 방법을 찾는다. 환자들은 종종 자신의 문제점을 완전히 이해하거나 인식하지 못할 뿐 아니라, 인간미 없는 의사의 객관적 진단 없이, 자신의 증상이나 상태를 잘못 해석하기도 한다.

　이 비유는 너무 심하다고 할지 모르지만 지금 한국에 와 있는 미군에게도 적용될 수 있다. 어떤 의미에서 제2차 세계대전의 승리는 미국을 부러울 것이 없는 자리에 앉혀 놓았다. 즉, 새로 독립한 세계의 많은 나라들에게 도움을 주라는 부탁을 받고 마지못해 일하는 의사처럼 되었다. 이렇게 새로 독립한 나라들 중 비기술적인 혹은 철학적인 도움을 요청하는 나라는 거의 없다. 그러나 정신적인 도움이나 핵심 가

치관의 근본적인 변화 없이는 물질적 혹은 기술적인 면에서의 원조가 그 나라의 발전에 실제적으로 도움이 되지 못한다.

다시 의학적인 비유를 적용하면 어떤 환자는 화를 내면서, 검진받는 것을 거부한다. 어떤 이는 외국인이나 이방인이 자기를 이해할 수 있다고 믿지 않는다. 이런 환자는 가장 선의의 그리고 기술이 좋은 의사에게서도 거의 도움을 받을 수 없다. 환자가 온전히 검사를 받을 때에만이, 적절한 진단과 도움이 되는 처방에 대해 희망을 가질 수 있다. 물론 의사가 실수를 저지를 수도 있다. 그러므로 그가 진단한 것을, 자격을 갖춘 세심한 다른 관찰자가 검토하는 것이 좋다.

이 책은 한국에 와서 일하고자 하는 서양인들을 위한 오리엔테이션의 핸드북으로 매우 솔직하게 쓰였다. 어떤 외국인은 아주 편협한 배경을 가지고 와서, 전혀 다른 문화유산과 친숙하지 않은 기본 원칙을 가지고 있는 다른 사람들을 이해하는 데 어려움을 느낀다. 많은 사람들이 자기가 가지고 있는 협소한 고향 환경의 수준 내에서, 한국에서 발견한 관습과 방식을 비교하고 비판한다. 이 책은 미국 중산층이 쓰는 일반적인 언어로 쓰였다. 표면적으로 나타난 사물의 숨겨진 깊이를 통찰하기 위해서, 교육받은 미국인들이 일반적으로 이해할 수 있는 용어들을 사용했다. 이 책은 영어에 대한 폭넓은 이해를 가지고 있지 않은 사람들을 위해서 쓴 것이 아니지만, 용어의 이해를 위해 간단한 영어사전 수준의 지식을 유지해야 한다.

어떤 사람은 대부분의 한국인들에게서 발견되는 신기하고, 유혹적이며, 칭찬할 만하고 매력적인, 그리고 사랑스럽고 품위 있는 모든 것들을 다 열거하려는 유혹을 받고 그렇게 한다. 그러나 그런 책은 여행사들이 더 잘 준비할 것이다. 그러한 책은 한국에 대해 신중하게 공부하는 학생에게는 실제적인 가치가 거의 없을 것이다. 왜냐하면 그런 학생은 단기여행 업무 중에 자기 자신과는 다른 문화 환경 체계에서 일하는 것에 적응해야 하고 또 그것을 빨리 배워야 하기 때문이다. 전통 체계에 대해 더 잘 이해함으로써, 우리는 동맹국들과 이웃들, 그리고 군에 있는 동료들을 더 잘 이해해야 하고 그들과 더 효과적으로 일할 수 있어야 한다. 이 책에서는 문제가 되는 부분들에 대해 강조하고 있다. 왜냐하면 문제가 되는 부분들을 해결하기 위해서는 더 많은 이해와 연구와 노력이 필요하기 때문이다.

한국의 국가적인 특성의 윤곽을 그리려는 시도는 분명히 엄청난 주문이다. 그리고 그런 것을 시도한다는 것은 주제넘은 일일지도 모른다. 그러나 이러한 시도는 미국, 일본, 영국 그리고 버마 등에 대해서 거의 성공적으로 이루어졌다. 이 책은 한국의 전통 양식에 주로 관심을 두고 있다. 한국의 전통 양식은 태도와 사고 면에 있어서 미국인들이 친숙해 하는 것과는 근본적으로 아주 다르다. 이러한 전통 양식을 묘사하는 것이 비록 다양한 요소들을 합성해 놓은 것이라 할지라도, 한국의 동료 일꾼들과 새로운 친구들을 이해하려는 사람들에게 적어도 몇 가지 지침을 줄 것이다. 이것은 초상화를 그리는 것과 비교될 수 있다. 어떤 초상화는 대상이 제대로 묘사되지 못했는데 그 이유가 예술가는 빛이 바랜 인물사진보다 개성과 인격을 보여주기 위하여 명암의 예리한 부분을 강조해야 하기 때문이다. 초상화는 다른 대상들과

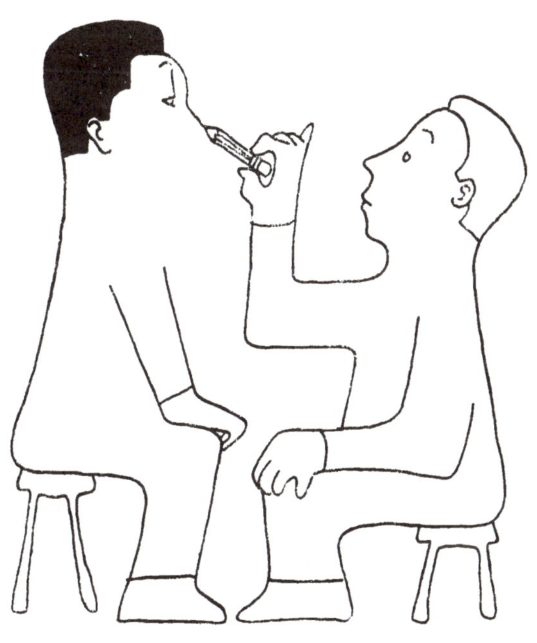

충분히 구별될 수 있을 만큼 인식할 수 있고 긍정적이어야 한다. 한국인들은 강고한 단일민족이기 때문에, 이렇게 다양한 요소들을 합성해 놓은 것이 우연하게도 아주 정확할 가능성이 있다.

태도와 행동 양식에 관한 이 책의 논의에서 합성 형태로 말하는 것은 게임 규칙의 하나로 이해되어야 한다. 그리고 종종 솔직한 표현으로 묘사된 것은 모든 면에서 어느 개인이나 집단에 다 적용되지 않는다는 것을 알아야 한다. 일반화한 것들은 일반화 그 이상이 아니며, 많은 예외와 형태가 있다. 사례들은 내용을 분명하게 하기 위해서 제시되었고, 이를 통해 그 차이들이 드러날 수 있을 것이다.

어떤 사람은 그저 그렇고 그런 책을 썼다는 사실에 화를 낼 수도 있다. 어떤 사람은 한국의 전통적인 예법과 관습으로 인정되지 않는 것들에 대하여 항의할지도 모른다. 나는 이들이 꼭 한국의 진정한 친구들이라고 보진 않는다. 한국인들은 오랜 전통을 가지고 있고, 외국인들의 면밀한 검토에서도 살아남을 수 있는 강인하고 생존력 있는 체계를 보유하고 있다. 한국은 세계에서 좋은 이미지를 가지고 있으며 계속 향상되고 있다. 한국의 문화가 올바르게 이해된다면 이미지 또한 더욱 나아질 것이다. 만일 어떤 한국인 작가가 외국인들에게 자기 나라 사람들을 설명하기 위해 객관적인 평가를 하면서 글을 썼다면 이 책은 필요 없겠지만, 아직까지 외국인들에게 이해될 만한 방식으로 책을 낸 일은 없다. 이 책은 자신들의 문제를 해결하기 위해 그리고 현대화를 이루기 위해 열심히 일하는 강하고 매력적인 민족의 이미지를 보여줄 것이라 믿는다.

한국에서 전개되는 문제들은 경제, 교육, 행정, 과학, 철학 그리고 영성에서 현대화의 필요성을 포함하고 있는 것 같다. 고도로 훈련되고 헌신적인 많은 외국인들이 자기들의 경험과 기술을 제공하기 위해 한국에 와서 이러한 기본적인 문제들을 해결하려고 한국인들과 상호 협력하고 있다.

서른 살 이상인 한국인들과 그보다 더 젊은 사람들과의 세대차는 갈등의 실질적인 원인으로 작용하고 있다. 왜냐하면 젊은 세대는 낡고 덜 생산적인 옛 방식을 버리고, 한국에 대해 역사적으로 비생산적이었던 전통적인 태도와 행실을 현대화하려고 열심히 노력하기 때문이다. 물질적 발전과 문화적 변화의 격차도 확대되고 있는데 이 역시 사회적 갈등의 요인이 되고 있다. 한국의 발전과 현대화는 젊은 지도자들과 지식인들에게 크게 의존하는데 이들은 성숙해져 가고 한국의 새 시대를 열고 있다. 이 책은 이러한 젊은 신세대에 대한 깊은 존경과 감사의 마음으로 쓰였는데 아마도 그들은 전통 양식에 대한 외국인들의 평가에 관심이 있을지도 모른다.

또한, 이 책은 평생 동안 나의 스승이자 친구였던 구세대에 대한 사랑과 존경의 마음으로 쓰게 되었다. 그들은 나에게 한국인의 태도와 행동 양식에 대해 가르쳐 주었고 이것들을 적용하면서 일할 수 있는 기회를 주었다. 그들은 이것들을 그대로 따르거나 채택하라고 강요하지 않았다. 이렇게 노력한 것에 대한 비판이 현명한 스승과 친구들에게 향하지 않도록 하기 위해 그들의 이름을 의도적으로 언급하지 않는다. 나의 가슴속 깊은 감사와 존경을 그들에게 바친다.

어떤 책이든 그것은 한 개인만이 노력한 결과가 아니다. 이 책도 예외가 아니다. 그 무엇보다도 써 달라는 요청 없이는 어떠한 시도도 이루어질 수 없었을 것이다. 감사하게도 많은 사람들이 시간을 내서 솔직한 비평과 수정 그리고 제안을 해주었다. 이런 주제에 대해 쓰는 것 자체가 몇몇 민감한 사람들을 자극할 수 있다는 것을 알고 있다. 나는 그들에게 심심한 사과를 먼저 드린다.

나는 특별히 왕립 아시아 협회Royal Asiatic Society Council 회원들, 리차드 러트 주교Bishop Richard Rutt, 데이비드 스타인버그 씨Mr. David Steinberg, 백낙준 박사Dr. George Paik, 로버트 키니 씨Mr. Robert Kinney, 제임스 웨이드 씨Mr. James Wade, 그리고 나의 주 비평가이자 지지자인 아내에게 감사한다.

샌드라 마티엘리Sandra Mattielli의 삽화는 딱딱하지 않은 기법으로 본문의 내용을 드러내고 있다. 종종 인간은 인종이나 피부 혹은 종교에 상관없이, 매력적이고 복잡하며, 때로는 감격도 시키는 유쾌한 존재이다. 마티엘리 부인의 그림은 동료 인간에게 미소를 보내는 것이 아니라 인간과 함께 웃기 위하여 삶의 즐거운 면을 부각시키고 있다. 이 그림들이 뜻 없이 책장을 넘기는 사람들에게 내용을 살펴보도록 하는 유혹재가 되기를 바란다. 그녀와 다른 분들의 고무적인 도움에 저의 겸허한 감사를 드린다.

1967년 한국 전주 장로교 의료 센터에서

의학박사 구바울Paul Shields Crane, M.D.

역자의 말

이 책은 한국에서 의료선교 활동을 하면서 전주 예수병원장을 역임했던 폴 크레인Paul Shields Crane(한국명: 구바울, 1919-2005) 선교사의 *Korean Patterns* (1969)를 번역한 것이다. 선교사의 자녀로 어린 시절을 한국에서 보냈고, 자신이 선교사로 한국에서 20여 년을 지내면서 경험한 한국의 문화와 사회상을 묘사한 것이다. 그가 살았던 시대의 한국은 일제 강점기와 정부 수립, 한국전쟁, 3·15 부정선거, 4·19 학생운동, 5·16 군사쿠데타 등이 있었던 격변기였다. 정치적으로는 식민지 통치에서 벗어나 국가를 수립하여 정권이 불안정하게 바뀌는 상황이었고, 사회적으로는 전통적인 유교문화와 서구문화가 충돌하던 시대였으며, 경제적으로는 극심한 가난에서 벗어나고자 국가적으로 경제 개발을 시작하던 때였다. 선교사들뿐만 아니라 다양한 직업을 가진 사람들이 한국을 돕기 위해서 혹은 한국에서 사업을 하기 위해서 활동하고 있었다. 저자는 그들에게 한국의 문화를 알리기 위해서 이 책을 썼다. 한국의 관습과 전통을 제대로 이해하지 못하면 한국에 대한 많은 오해가 생기고 그로 인하여 한국에서 활동하는 것이 어렵게 될 수 있기 때문이다.

저자는 자신이 이 책에서 소개하는 한국의 전통 예법과 관습이 모든 개인이나 집단에 다 적용될 수 있는 것은 아니라고 한다. 그는 자신의 경험과 한국인 친구들의 도움으로 이 책을 썼지만 그 내용에 동의하지 않는 사람들이 있을 수 있다는 것이다. 그렇지만 그는 이 책이 최대한 객관적이고 면밀한 검토를 통해서 쓰였다는 것을 강조한다. 사실 한국인의 대인 관계, 예의범절, 공적 관계 그리고 한국의 사회상과 풍속, 심지어 한의학과 토정비결 등을 미국인이 일목요연하게 정리한다는 것은 쉽지 않은 일이다. 저자가 스스로 인정하듯이, 물론 여기에는 한국 사람이 동의하기 어려운 내용도 있고, 서양인의 편견이라고 여겨지는 내용도 있다. 그럼에도 불구하고 1960년대 한국과 한국인의 모습을 한국을 잘 아는 미국 선교사의 눈을 통해서 볼 수 있다는 것은 이 책이 주는 커다란 유익이요 기쁨이다. 우리 스스로 우리의 과거를 되돌아보는 것도 중요하지만, 외국인의 눈을 통해서 우리의 모습을 재발견하는 것도 필요하기 때문이다.

우리가 이 책을 번역한다고 했을 때 저자의 아들인 제임스 크레인 James M. Crane은 가족을 대표해 감사하면서, 이 책에 한국인들에 대한 편견이 들어 있음에 대해서 미안한 마음을 전했다. 이 책이 한국어로 번역되는 것이 기쁘기도 하지만, 혹시라도 있을 오해에 대해서 염려한 것이라 여겨진다. 그러나 한국에 대한 크레인 가족의 사랑과 헌신은 어떠한 편견과 오해를 상쇄하고도 남을 것이다. 폴 크레인 박사의 약

력을 정리해서 보내 준 제임스 크레인 박사에게 감사의 마음을 전한
다. 이 책의 영문 저작권을 가지고 있는 왕립아시아협회 한국지부 The
Royal Asiatic Society Korea Branch는 한남대학교 인돈학술원이 한국어로 번역하
는 것을 허락해 주었다. 협회 관계자 여러분께 감사의 마음을 전한다.
또한 이 책의 출판을 위해 수고한 동연출판사의 김영호 사장님과 직원
들에게도 감사드린다.

2011년 5월

인돈학술원에서

천사무엘, 김균태, 오승재

저자 폴 크레인은 미국 미시시피 주 옥스퍼드의 미시시피 대학교 University of Mississippi 캠퍼스 구내에 있는 외할아버지(Winn David Hedleston, 1863-1949) 집에서 1919년 5월 2일 태어났다. 외할아버지 헤들스톤은 장로교 목사로서 이 대학에서 철학과 윤리학을 가르치는 교수로 있었다. 폴 크레인의 부모는 미국 남장로교 한국 선교사로 있다가 안식년을 맞이하여 미국에 체류하고 있었다. 폴의 아버지 존 크레인 John Curtis Crane(한국명: 구례인, 1888-1964) 목사는 1913년 미국 남장로교 선교사로 내한하여 44년 동안 순천 매산학교 교장, 평양신학교 교수 등을 역임하면서 주로 순천지역에서 사역했다. 폴의 어머니 플로렌스 Florence Hedleston Crane(1887-1973) 여사는 미시시피 대학 식물학과를 졸업하고, 1913년 결혼한 뒤 남편을 따라 내한하여 활동했는데 1931년 『한국의 꽃과 민속전승 *Flowers and folk-lore from far Korea*』을 출판하기도 했다.

폴은 생후 6개월 만에 선교지로 복귀하는 부모를 따라 내한하여 어린 시절을 전라남도 순천에서 보냈다. 그는 메릴랜드 주 볼티모어의

16

켈버트 학교 Calvert School에서 제공하는 통신과정 correspondence course을 통해서 초등학교 과정을 이수했고, 7-11학년(1932-37)까지는 평양 외국인학교를 다녔으며, 12학년은 버지니아 주에 있는 애쉴랜드 Ashland 고등학교에서 마쳤다. 그는 미국 남장로교가 설립한 데이비슨 Davidson 대학을 1941년에 졸업하고 존스 홉킨스 Johns Hopkins 대학교 의과대학에 진학하여 1944년 졸업했다. 의과대학 재학 중인 1942년 6월 2일, 그는 평생의 반려자 소피 몽고메리 Sophie Montgomery Crane와 결혼했다. 부인 역시 중국 선교사의 딸로 태어나 1940년 미국 남장로교가 설립한 여자 대학인 아그네스 스콧 Agnes Scott 대학을 1940년 졸업하였다.

의과대학 재학 중 그는 미 육군에서 ASTP(Army Specialist Training Program) 과정(1943-44)을 이수했는데 이것은 제2차 세계대전 중에 미 육군이 많은 대학에서 운영하던 전문가 훈련과정이었다. 졸업 후 볼티모어의 유니온 메모리얼 병원에서 인턴과정을 마친 그는, 1946년 군의관으로 입대하여 네브래스카 주 오마하에 있는 미 육군 의무대에서 군복무를 시작했다. 그의 원래 계획은 티베트에서 의료선교를 개척하는 것이었다. 그러나 당시 중국의 정세가 내전으로 인해 불안해지자 그 가능성은 희박해져 가고 있었다. 그런 가운데 1947년 남장로교 해외선교본부 총무인 풀턴 Darvy Fulton 박사가 그에게 편지을 보냈다. 만약 폴 크레인이 미 육군에서 조기 제대하면 한국에 선교사로 갈 의향이 있는지를 묻는 내용이었다. 그가 한국 선교사로 가겠다는 의향을 나타내자, 남장로교 해외선교부는 육군성에 특별 제대 요청을 했고, 즉시 제대하라는 전보를 받았다.

1947년 미 육군은 제2차 세계대전 때 사용했던 재산과 장비들을 싸게 처분했다. 폴 크레인은 선교본부가 배정해 준 8천 달러로, 약 25만 달러 상당의 의료장비와 소모품을 구입할 수 있었다. 미국 철도 화물차 2칸에 가득 실을 수 있을 정도의 분량이었다. 그의 가족은 마가렛 프리차드Margaret Pritchard(한국명: 변마지, 전주 예수대학교 초대 교장) 선교사와 함께 1947년 10월 30일 군 수송선을 타고 한국에 도착했는데, 부친 존 크레인 목사가 마중 나와 그들을 맞이했다. 그가 준비했던 병원 용품들은 1948년 1월 인천에 도착했다. 1940년 신사참배 거부로 문을 닫았던 전주 예수병원은 그와 변마지 선교사의 노력으로 1948년 4월 1일 다시 문을 열 수 있었다. 이때 자신은 병원장으로, 부인은 임상병리실에서 일했다.

그때부터 1969년 귀국할 때까지 22년 동안 폴 크레인 선교사는 고통받는 환자들을 자신의 몸처럼 보살피며 살신성인하는 마음으로 의술을 펼쳤다. 우리나라 최초로 병원에 수련의 제도를 도입하여 한국 의료 역사에 한 획을 그었을 뿐 아니라 예수병원 간호대학(현 예수대학교)을 세워 한국인 간호 인력 양성에도 이바지하였다. 또한 한센병 환자를 돌보기 위해 여수 애양원을 정기적으로 방문해 치료 기술을 전수하였다. 기생충 근절에 대한 헌신적인 노력으로 한국 정부로부터 국민훈장을 받기도 했다. 그는 구수한 전라도 사투리로 한국말을 능숙하게 구사했는데 박정희 대통령과 존슨 미국 대통령의 회담을 통역하기도 했다.

전주 예수병원 역시 계속 확장되어 병실이 늘어났을 뿐 아니라 방사

선 치료기 등 새로운 장비가 속속 설치되었다. 그리고 1936년에 지은 건물이 병원의 성장으로 협소해지자, 그는 1965년부터 미국 남부지역을 순방하며 예수병원 건물 신축 필요성을 널리 알리고 헌금을 호소해 호남 최대의 현대식 예수병원의 초석을 놓기도 하였다.

1969년 12월 폴 크레인 선교사의 갑작스런 사임과 귀국은 예수병원 건축 계획을 달가워하지 않았던 본국 선교본부와의 갈등 때문으로 전해진다. 미국으로 돌아간 그는 애틀랜타 퇴역군인병원, 벤더빌트대학 밀러병원 그리고 미국 장로교 해외선교사 건강센터 책임자 등으로 일했다. 1995년부터는 노스캐롤라이나 블랙마운틴의 남장로교 선교사 은퇴촌에서 생활하다가 2005년 6월 13일 86세를 일기로 소천하였다. 그는 소피 몽고메리 여사와의 사이에서 4남 1녀를 두었는데 Virginia, Amy, Letitia, Janet Crane, James이다.

목차

조선조 시대의 지도

"天下總圖"
세상의 중심에 중국이 있다.

"한국인을 움직이게 하는 것은 무엇인가?" 이 질문은 서양인들이 19세기 초 한국인들과 접촉을 시작한 이래 관심의 대상이 되어 왔다. 한국에 살고 있는 외국인들이나 한국 문제에 관심 있는 사람들에게 있어서, 한국적 사고, 즉 한국인의 사상적·철학적 가치 체계가 어떻게 작용하고 있는지를 이해하는 것은 중요하다. 이것은 만일 어떤 사람이 다양한 분야에서 발전을 시작하는 단계에 있는 사람들과 친밀한 관계를 유지하면서, 의미 있는 대화를 갖고 생각을 나누며 거래를 하려 한다면 필요한 일이다.

"한국인들은 진정 무엇을 생각하고 있는가?" 동양인들은 서양인들이 이해하기에는 수수께끼 같고, 불가능하다는 잘못된 평판을 받아 왔다. 헤롤드 아이작스Harold Isaacs는 "동양인(그것이 무엇을 뜻하든, 하나의 패턴은 없기 때문에)이 '불가사의하다'고 불린 이유는 서양인들이 너무 게을러서 그가 무엇을 생각하는지 혹은 왜 그러는지를 찾아내려고 하지 않았기 때문이다."라고 기술했다. 자신들이 공부해야 할 과제를 하지 않은 사람과 동양의 철학, 역사, 종교, 사회학과 인류학의 배경 없이 현장에 도착한 사람들에게 그 어려움은 훨씬 심각하다. 이런 '어리석은 아가씨들 foolish virgins'은 흔히 서양적 선입견이라는 자신들의 한정된 상황 속에서 가공적인 동양 마왕魔王, 후 만추 박사 Dr. Fu Manchu ■ 같은 인물을 생각하며 동양인을 판단하려 한다.

무엇보다도 먼저 한국인은 매우 인간적이다. 한국인의 원시적 인간성은 우리 모두가 공유하는 것과 같은 원시적 느낌을 만들어낸다. 서양인들은 이들의 문화에 수용되기 위해서 이런 느낌을 숨기거나 승화시키는 것을 배워야 했다. 그러나 한국인에게 있어 숨긴다는 것은 의미가 다르다. 한국인들은 수 세기 동안 변형되어 온 그리스-로마, 유대-기독교, 앵글로-색슨의 유산이 없이, 인간의 본성을 드러낸다. 한국인의 변형은 샤머니즘적 기초 위에 만들어진 것이거나, 불교, 유교, 중국, 미국 그리고 최근에는 기독교와 미국화에 노출되어 만들어진 것이다. 어떤 것을 숨기는 게 중요하다고 강조하는 것은 본질에서는 물론이고 정도에 있어서도 서양의 일반 문화 양식과는 다르다.

그러나 놀랍게도 많은 한국인들은 서양인들과 유사한 면이 있는데 서양인보다 더 서양적인 면도 있다. 한국의 병원에 있는 환자와 메릴랜드 주 볼티모어의 병원에 있는 환자를 상대로 통증과 고통, 실망과 죽음에 대한 반응을 비교해 볼 수 있다. 모든 사람들에게 공통적인, 내

■ 후 만추 박사(Dr. Fu Manchu)란 영국 작가 로머(Sax Rohmer)에 의해서 20세기 전반기에 천재 범죄자의 전형으로 묘사된 인물. 90여 년간 영화, 라디오, 만화 등에 등장했다. - 옮긴이

적 공포, 희망, 의욕, 사랑, 질투, 불안, 열등감 그리고 좌절을 한국인들에게 쉽게 찾을 수 있다.

노이로제와 정신이상의 발생은 한국과 미국에서 매우 비슷하다. 한국의 어린이들 중에는 청소년 행동장애를 겪는 경우가 적은 편이다. 노이로제나 정신이상일 때 한국인의 환상과 사고 양상은 약간 다르다. 한국의 부유한 여성 노이로제 환자는 세상에 있는 어떤 노이로제 환자와 똑같을 수 있다고 분명히 말할 수 있다. 노이로제를 표현하는 방법은 동양의약의 개념에 기초하기 때문에 질적으로 다를 수 있다. 중요하다고 여기는 것들에 대해 우선순위를 매길 때, 한국인들은 미국 중산층에 속한 사람들과 약간 다른 행동 양상을 보이는 것 같다.

한국어는 외국인들이 한국인을 이해하려고 할 때 주된 장애물 중 하나이다. 몇몇 언어학자들은 한국어가, 서양인들이 숙달하기에 세상에서 가장 어려운 언어 중 하나라고 말한다. 경험에 의하면 한국의 선교·교육·의료 분야에서 오랫동안 일하려고 계획하는 사람들은 삼년 정도 집중교육을 받아야 좋은 기초를 가지게 될 것이다. 그렇지 않으면 통역과 함께 다녀야 하는 불편을 감수해야 한다. 열심히 일하는 사람들은 언어 공부를 위헤 보내는 시간으로 인해서 사회적 기회를 찾고 활동을 하는 데 많은 유익을 얻을 것이다. 언어의 능력은 생각을 자유롭게 나누게 하고, 풍부한 문화적·언어적 기쁨을 나누게 하는데 한국인들은 이를 자신들의 정체성과 민족적 자긍심의 주요 원천들 중 하나로 여긴다.

한국어는 복잡한 언어이다. 첫째로, 한국어는 한국어 단어와 그에 상응하는 한자로 엮여 있다. 교육을 많이 받은 사람일수록 말할 때 한자어를 자주 쓰는 경향이 있다. 둘째로, 한국어는 사회적 계급에 따라 단어와 문법적 어미를 다르게 사용한다. 사람들 사이의 친근성이나 친밀성의 정도는 언어 형태에 분명히 반영되어 있다. 따라서 한국말을 올바로 하기 위해서는 한국인처럼 생각하는 능력을 발전시켜야 하고, 대화하는 사람과 개인적인 친밀도가 상대적으로 높은가, 같은가, 낮은가를 조정할 수 있는 사고력을 길러야 한다. 한국어를 올바로 말하기 위해서는 사회적 관계성의 기본 법칙을 아는 것이 필수적이다. 이로 인해서 한국어를 배우는 것은 간단하지 않다.

다음 사례는 이것이 어떻게 작용하는가를 보여준다. 한 젊은 의사가 병원에 취직하려고 지원한다. 그 의사와 그가 지원한 과의 과장은 모두 교육 수준이 높은 사람이어서 가장 공손한 말투로 대화를 한다. 그러나 그 의사가 초년생으로 일하게 되자마자, 관계와 언어가 바뀐다. 새롭고, 더 밀접하고 더 친근한 관계가 이루어지면 과장은 그를 하대(下待)하게 된다. 반면에, 그는 과장에게 존댓말을 써서 그의 권위에 대해 계속해서 존경을 보인다. 만일 젊은 의사가 잘못해서 '질책을 당하게' 되면, 과장은 그가 꾸중을 들어야 마땅한 것을 알리기 위해 더 심하게 낮은 말을 쓰게 된다. 만일 실수가 정도를 넘어서 쫓겨나야 할 정도가 되면, 과장은 다시 처음처럼 말씨를 높이게 되고, 젊은이는 관계가 깨졌다는 것을 깨닫게 된다. 동사의 어미를 바꿈으로 관계의 많은 미묘한 부분들이 분명히 드러나게 된다. 이와 같이 한국인이 동사의 어미를 잘못 쓰는 것은 심각한 결과를 가져올 수 있다. 한국어를 처음 시작

하는 사람은 존칭어를 사용하는 것이 안전하다. 그러나 결국 이것은 친근한 관계에서는 특히 어린애들, 젊은이들 혹은 친구들에게 말할 때에는 너무 딱딱하고 공식적이며 냉담하게 들린다.

이 책은 전통적인 사고를 가진 한국인들의 사고 형태와 경향의 일부를 묘사하려고 한다. 대부분의 한국 사람들은 아직도 시골 농부이거나 제1세대 도시 거주민들이기 때문에 그들의 태도는 종종 전통적이고 고전적인 상태에 머물러 있다. 도시에 사는 사람들 중에 외국인들과 긴밀히 일하고 있는 사람들은 최근에 이러한 태도로부터 변화를 보이기도 한다. 어떤 한국인들은 그들의 사고 패턴에서 약간 벗어나서 때로 현대화된 한국의, 새롭게 넓어진 길을 찾아 걸을 때 균형을 잃은 것처럼 보이기도 한다.

흰 두루마기를 입고 갓을 쓴 권위적인 한국 신사는 유교문화의 구체적인 모습이었지만 급속도로 사라지고 있다. 그는 걸을 때 다리가 무거운 것처럼 걷고, 그의 눈은 먼 언덕을 향해 있다. 그는 빠르고 소박한 위트^{wit}를 가지고 있고, 철학자나 전제 군주일 뿐 아니라 타고난 배우이자 해학가이다. 그는 자기가 만난 사람들로부터 존경을 요구한다(실제로 그는 존경을 받는다). 그는 엄청난 일을 하는 시간과 서두르지 않고 침묵을 지키는 긴 시간 모두에 익숙하다. 무엇보다도 그는 참고 견디는 것을 배워 왔다. 이 세상에 있는 모든 사람들 중에, 불가능한 싸움 속에서도 고난을 참으면서 살아남는 능력은 아무에게도 뒤지지 않는다. 그는 어떻게든 고통을 줄이면서, 수천 년 동안 억압과 부패한 정부 그리고 외국의 침략 아래에서 이것을 해왔다. 그것은 마치 움직임이 느리지만 결코 멈출 수 없는 조수潮水와 같은 것이다. 나는 이런 한국인의 처지에서 살아남을 수 있는 미국인은 별로 없다고 생각한다. 인내심 있고 지모智謀가 풍부하며 명랑한 한국인들을 진정으로 존경하면서 경의를 표한다. 한국의 가장 위대한 국가적 자원은 한국인들이다.

이 책의 첫째 부분에서는 전통적 기본 태도가 제시된다. 이어서 이 태도와 행동 양식들이 19세기 후반부터 지금까지 서양문화의 영향을 받아 어떻게 변해 왔고, 현재도 변화하고 있는지를 논할 것이다. 이 기간 동안 한국의 역사는 기독교 선교 활동의 시작, 40년간 일본의 지배 그리고 제2차 세계대전과 1950-53년의 한국전쟁 이래 많은 미국인들, 유엔UN 군인들, 외교관들, 외국 원조기관 사람들이 출현한 때를 포함한다. 그리고 당시는 더욱더 많은 젊은이들이 외국에서 교육을 받고 지도자가 되기 위해 귀국했기 때문에 전통문화 개혁의 주된 요소로 유학과 외국 여행의 경험들이 논의되었다. 이 책은 나의 결론과 한국에서 일하는 서양인들을 위한 조언으로 끝을 맺을 것이다.

한국에 오는 외국인들을 위한 이 안내서가 이해와 상호존중을 증대하는 데 도움이 되기를 바라며, 최근 얼마 동안 너무 많은 사람이 한국에 대해 신랄한 비난을 했던 위험으로부터 벗어나기를 소망한다. 이해의 부족 때문에 세계 몇몇 나라에서 한국에 대한 오해를 불러일으키고 있다. 이 책의 논의가 한국의 전통문화에 대한 신선한 안목을 갖도록 사람들을 자극할 것이고, 한국에서의 경험을 평가할 수 있게 할 것이며, 관심 있는 모든 사람들에 대한 상호 계몽을 위해서 한국인의 기질에 대한 통찰력을 분명히 할 것을 바란다. 현대 한국인들에게는 그들의 전통문화가, 몇몇 관심 있고 우호적인 외국인들에게 어떻게 비치는지를 알기 위해서도 유용할 것이다.

한국인들은 역사적이고 인종적인 고립 때문에 아시아의 기본 유형으로 연구할 만한 흥미 있는 민족이다. 세계는 서양인들로 하여금 '아시아인들을 움직이게 하는 것이 무엇인지'를 더 분명하게 인식할 것을 요구한다. 많은 한국인들의 사고 형태와 태도는 중국이나 일본뿐 아니라 다른 극동지역에서도 발견될 것이다. 현대 한국은 이제 외교적 접촉, 가공할 만한 군사력 그리고 급속히 팽창하는 외국과의 무역이 증대되면서 세계무대에 진출하고 있다. 한국은 더욱 잘 이해되어야 한다.

만약 이 책이 그러한 이해에 작은 부분이라도 공헌할 수 있다면, 대단하지 않지만 결코 쉽지 않은 소기의 목적을 달성할 것이다.

조선조 시대의 지도

“대한제국의 팔도”

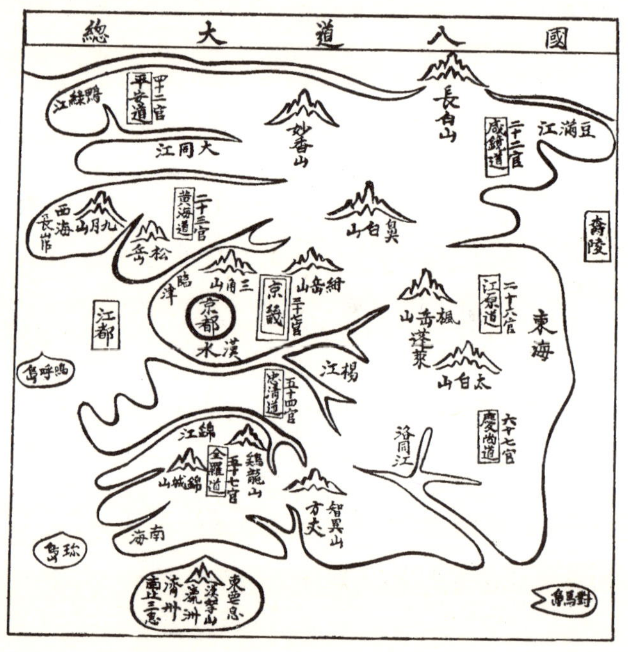

I

한국인의 사고

어떤 민족을 잘 이해하기 위한 하나의 방법은 그들의 전통적 사고, 역사적 목표, 그리고 그들의 행동을 측정하고, 아이들을 교육하기 위한 도구로 사용하는 간결한 속담들을 알아보는 것이다. 한국적 사고의 역사적인 발전은 백낙준 박사의 연구에서 그 순서를 찾아볼 수 있다. 그는 현대 한국인들의 문화유산을 구성하는 사고들이 시대별로 구분될 수 있다고 강조했다.

일본에서와 마찬가지로, 한국도 하늘에서 내려온 환웅이 곰과 결혼했다는 초자연적인 기원을 주장하고 있다. 하늘과 땅의 이러한 결합이 4천여 년 전 한국의 시조인 신화적 인물 단군檀君을 탄생케 했다. 그리하여 전통적으로 한국인들은 천상의 아버지와 지상의 어머니를 가지고 있으며 하늘과 땅에 매여 있다고 느껴 왔다.

유교윤리는 삼국시대(기원전 57–서기 668년)에 중국으로부터 들어왔다. 불교 포교사들은 같은 시기에 중국을 통해 인도에서 들어왔다. 불교는 급속하게 발전하여 고려시대(서기 918-1392년)의 국교가 되었으나, 뒤를 이은 조선시대(서기 1392-1910년)에 신망을 잃게 되었다. 유교적인 가르침이 지금까지 전통적인 한국의 경전으로 남아 있다.

기억을 새롭게 하기 위해, 유교윤리의 인간관계에 대한 기본개념과 규약 몇 가지를 나열한다.

1. 왕은 국가의 버팀목이다(군위신강君爲臣綱).
2. 아비는 아들의 버팀목이다(부위자강父爲子綱).
3. 남편은 부인의 버팀목이다(부위부강夫爲婦綱).

사람들 사이에 존재하지 않으면 안 될 태도는 다음 규약에 나열되어 있다.

1. 친구 사이, 신뢰(붕우유신朋友有信).
2. 어른과 젊은이 사이, 존경(장유유서長幼有序).
3. 남편과 부인 사이, 위치의 차별(부부유별夫婦有別).
4. 아비와 아들 사이, 친밀(부자유친父子有親).
5. 왕과 신하 사이, 충성(군신유의君臣有義).

유교의 가장 큰 개념 중 하나는 중용의 덕을 찾는 것이다. 이 개념은 온전한 원을 형성하기 위해 반대와 균형 잡는 것인데, '음陰'과 '양陽'

이라는 상징으로 표시된다(6장을 보라).

불교는 생명의 존엄성, 전쟁에는 의로움이 없음 그리고 구원을 얻기 위해 선을 행하는 것이 중요하다는 개념들을 소개했다. 전쟁에는 의로움이 없다는 개념으로부터 신라 왕조의 청년 낭도들이 발전되었는데 '꽃피는 젊은이' 혹은 '화랑花郎'으로 알려져 있다. 이 낭도들은 군인의 기사도, 충성, 도덕성 그리고 진실을 주된 사고로 하는 규약을 발전시켰다. 현대 한국군에서는 전쟁 때 죽은 용사를 '떨어진 꽃(산화散花)'이라고 부른다.

조선 왕조의 창시자, 이 태조는 당시 고려군의 장군이었는데 퇴폐적이고 부패한 조정에 항거하여 반란을 일으켰다. 그는 고려 왕조를 쉽게 전복하고 자신의 왕조를 설립했다. 조정에서 불교는 유교로 대체되었다. 조선조 초기에는 집 밖에 나가 다른 사람들에게 영향력을 행사하기 위해 자신을 개발하는 사고를 강조하였다. 고전을 외우고 위인들의 삶을 공부하도록 가르쳤다. 이렇게 준비한 뒤, 집 밖에 나가서 다른 사람을 다스릴 수 있었던 것이다.

조선시대 후대에는 권위와 명예에 있어서 군사부일체君師父一體의 개념이 발전되었다. 백 박사는 이 개념이 일본에서 국가에 절대적 권위를 부여하게 했고, 스승과 부모는 이를 지지하게 했다고 언급한다. 한국에서 이 권위는 정부와 스승과 부모 간에 더욱 동등하게 배분되었으며, 군국주의는 결코 발전되지 못했다.

이승만은 그의 초기 망명생활에서 한국 민족주의 정신을 되살리려고 애를 썼다. 그는 자기 추종자들을 설득하여 미국의 인권선언이나 윌슨 대통령이 1919년에 파리 강화회의에서 제창한 14개조의 평화원칙에 기초를 둔 국가 계몽정신을 채택하도록 했다. 그는 한국이 서방의 노선을 따라 현대화되기를 원했다.

1919년 일본의 한국 점령에 항거한 운동은 전반적으로 인도 간디의 무저항주의의 가르침에 근거했다. 3·1운동 지도자들은 민족의 정의와 박애, 존엄과 자유, 비폭력과 도덕성 그리고 독립을 선포했다. 정부는 국민들의 요구로부터 권위를 도출해야 한다. 이 운동이 세계의 이목을 한국에 집중하여 일본으로부터 한국을 자유롭게 하는 데 도움이 될 것이라고 한국인들은 희망했다.

지도자들은 덕성이 있어야 한다는 것이 일반적인 신념이다. 정부의 부패는 도덕성의 결핍을 보이는 것이기 때문에 비난받는다. 모든 갈망은 도덕성 있는 지도자를 찾는 것이었다. 그런 사람들은 지도자가 인류의 선을 위해 최고의 봉사를 할 것이라 믿는다. 지도자는 또한 근검절약을 실천해야 한다.

이와 같이 역사적으로 주요한 사상들의 간략한 요약을 통해, 한국에는 아직도 많은 사람들의 행동에 영향을 끼치고 있는 전통적 사고가 있다는 것을 보게 된다. 모든 사회에서처럼 사고와 현실 사이에는 간격이 있지만, 사고는 그대로 남아 거의 모든 사람들에게 호소력을 가질 수 있고 교감하게 할 것이다. 사회적 인식에 반하여 나가는 것은 비판과 문제를 불러일으킬 것이다.

(더 많은 속담과 경구는 부록에 수록되어 있다.)

II

'기분'의 중요성

한국인 개개인에게 가장 중요한 것은 아마도 '자신selfhood'을 인정받는 것이다. 내적 감정의 상태, 명성, 인간으로 인정받고 싶어 하는 인식, 동료들로부터 받는 존경 등 이 모든 요소들이 도덕성, 체면 혹은 자부심, 특히 마음의 상태를 결정하는데 한국말로는 '기분氣分'이라고 표현한다. 함축미가 많은 이 단어를 표현하는 적절한 영어 단어는 없다. '무드mood'라는 단어가 가까울 수 있지만, '기분'은 그 이상의 것을 포함하고 있다. 기분이 좋으면 '백만장자처럼 느끼고', 기분이 나쁘면 '벌레를 씹은 것처럼 느낀다.'

'기분'은 다른 사람과의 관계와 행위에 영향을 미치는 가장 중요한 요소이다. 사람의 신체 기능은 전반적으로 '기분'에 좌우된다. 만일 '기분'이 좋으면, 부드럽고 쉽게 돌아간다. 만일 '기분'이 엉망이면, 모든 기능이 완전히 마비될 수 있다.

개인과 개인의 관계에서 '기분'을 좋게 유지하는 것은 종종 다른 어떠한 것보다 중요하다. 어느 하나를 선택해야 한다면, 옳은 것보다는 옳다고 느끼는 게 더 중요하다는 것을 많은 사람들이 느낄 것이다. 사람들은 나 자신과 나의 거래 상대의 '기분'을 좋게 하기 위해 모든 수단을 다해서 노력한다. 상대방의 '기분'을 망치는 것은 관계를 끊게 되고, 원수가 될 수도 있다. 따라서 사람들은 '기분'을 유지하기 위해 자기가 할 수 있는 모든 것을 한다. 상대방의 '기분'을 손상시키면 미래의 만남은 어렵게 될 수 있기 때문이다. 사람들은 당연히 '기분'을 망친 사람과 상대하고 싶어 하지 않는다.

느낌과 외모에 대한 이러한 강조는 가끔 많은 사람들의 마음 가운데 그들이 실제로 좋은 것보다 좋게 보이는 것이 더 중요하도록 느끼게 한다. 어떤 의미에서 사람의 감정을 상하게 하는 것은 죄라고까지 여길 수 있다. 필요할 경우 진실을 멀리하는 것이 더 나을 때도 있는데 진실이 '기분'을 망치게 하여 고통과 당혹감을 야기하는 경우일 것이다.

현명한 사람이란 모든 사람이 평화롭고, 쾌적하고, 안전을 느끼는 방식으로 일을 처리할 수 있는 사람이라고 종종 여겨진다. 이는 평소 한국 사람들의 인사인 "편안하십니까?"와 헤어질 때 "편안히 가십시오.", "내내 편안하십시오." 등에서 강조되는데 이것은 모두 내적 감정이나 '기분'을 가장 중요하게 여긴다는 것을 말해 준다. (사람들은 특별히 오전 중에 나쁜 소식을 전함으로 '기분'을 망치는 것을 피해야 한다.)

당신이 실제로 무엇을 행하거나 말하는 것보다 그 방식이 종종 더 중요할 때가 있다. 이것은 한국에 한정된 것이 아니고 일반적으로 어

디서나 있는 일이지만, 특히 한국에서는 서양문화에서 고려하는 이상으로 무드와 분위기가 중요하다.

'기분'을 망치게 하는 대부분은 하급자가 상급자를 화나게 하는 경우이다. 상급자가 하급자의 '기분'을 망치는 것은 반감이 덜한 것 같다. 그래서 교사가 학생이나 반 전체를 꾸짖을 수 있다(또는 유명한 사람이 아랫사람들로 구성된 청중을 비판할 수 있다). 이때 아무도 감정이 상했다거나 특히 '기분'을 망쳤다고 하는 사람은 없다.

그러나 개인 간의 직접적인 접촉에서 야만인이나 악인으로 여겨지는 경우가 있는데, 진실을 매섭게 지적하거나, 직설적으로 진실을 말하거나, 글로 써서 주장하면서 윗사람의 '기분'을 계속 상하게 하는 경우이다. 그런 사람은 평화를 깨는 사람이어서 거의 공중의 적이 된다. 개인적인 관계에 있어서는, 외적인 요소가 종종 실제보다 더 중요한 것처럼 보인다.

진실은 그것이 기쁨과 마음의 평화를 가져오고 자존감을 증가시킬 때 환영받는다. "결과가 어찌되었든 소신대로 하라." 또는 "솔직히 말하라."라는 서양의 개념은 교양 있는 한국인들에게는 비교적 새롭고 현대적인 개념이다.

사람들에 대한 한국인의 일반적인 태도는 민주적이지도 않고 개인주의적이지도 않다. 오히려 더 봉건적이거나 온정주의적인 경향이 있다. 한국인들은 사회의 계층화를 받아들이고 믿으며 '기분'을 고려하는 것이 '인간person'이자 교양 있는 귀족의 특권이라 느낀다. '하위계층'의 사람들은 체면이나 '기분'에 관심이 덜하다. 그리하여 그들은 한국인들로 인한 염려나 스트레스를 상대적으로 덜 받는다. 그러나 외국인이 같은 방법을 시도하면 당장 같은 상류계층 한국인에게, 외국인이 한국인 모두를 깔본다는 강력한 느낌으로 공격받게 될 것이다. 이러한 일은 묵인되지 않으며 한국에서는 매우 민감한 문제이다. 외국인은 한국인이 인간관계에서 매일 할 수 있고, 하고 있는 것과 똑같은 유형의 행동을 그대로 해낼 수 없다.

사람들이 '기분'을 상하지 않도록 하기 위해 과거에 행했던 실례實例들은 한국전쟁 초기 부산지역에서 보낸 암울한 시절에서 찾아볼 수 있다. 수천 명의 피난민이 부산으로 밀려와, 최악이라고 할 수 있는 매우 가난한 환경에서 생활하고 있었다. 그들은 방문하는 관리들의 '기분'을 상하지 않게 하기 위해 부산 공항에서 시내로 들어오는 고속도로 주변에, 구하기도 힘든 목재로 높은 널빤지 담을 쌓았다. 이것은 유명한 방문객과 외국인이 담 뒤 가축우리 같은 곳에서 살고 있는 피난민들의 비참한 모습을 볼 수 없게 하기 위해서였다. 사람들은 차를 타고 공항을 오가는 방문객들이 가난한 피난민들을 볼 수 없게 하는 것이 더 낫다고 생각했다. 피난민들의 집을 빨리 짓기 위해 목재를 사용하는 것보다 외관을 더 중요하게 여겼던 것이다.

'기분'을 상하게 할 수 있는 또 다른 실례는 비용을 염려하여 단출한 파티를 열어서 주인이 가난하다거나 비참하다는 것을 손님이 눈치채게 하는 것이다. 한국 가정은 호화로운 결혼식이나 장례식을 하기 위해서 혹은 손님을 접대하기 위해서 큰 빚을 지거나 집이나 땅을 저당 잡히는 경우가 종종 있다. 많은 사람들은 누군가의 '기분'에 상처를 내는 것보다 자기 자신이 상처받는 것에 관대하다. 적절한 예절을 지키면서 잔치를 하지 않는 것은 관련된 모든 사람들의 '기분'을 망치는 일이다.

'기분'의 영향에 대한 공통된 실례는 수리하는 상점에서 수리가 언제 끝나느냐고 물을 때이다. 손님이 끝난다고 말한 시간에 찾으러 왔는데 아직 일이 끝나려면 멀었을 때, 왜 이렇게 현실성 없는 시간을 약속했느냐고 묻는다. 그러면 주인은 짧게 대답하는데, 시간이 오래 걸린다고 말했다면, 당신을 행복하지 못하게 했을 수도 있었다고 한다. 그리하여 그 순간 당신의 '기분'을 돕기 위해서 수선시간이 좀 더 주어진다. 두 번째 방문해서도 일이 끝나지 않았을 때, 이 수리공은 시간 개념이 강하고 인내심이 없는 외국인의 '기분'을 상하게 할지도 모른다는 생각을 결코 하지 않는 것 같다. 그러나 그 순간의 느낌을 표현하면 한국 사회에서 많은 어려움을 겪을 것이고, 상황 파악을 하지 못하게 될 것이다. 외국인들이 저지르는 가장 큰 잘못 중 하나는 한국 사람을 상대하면서 '기분'을 인식하고 이해하지 못하는 것이다. 흥겨운 '기분'을 유지하는 방식으로 늘 행동하는 사람은 행복하다.

Ⅲ

대인 관계

1
관계의 중요성

한국에서는 적절한 관계가 지극히 중요하다. 한국인들 사이에는 대등하다는 개념이 거의 없다. 관계는 수평적이기보다는 거의 완전히 수직적인 경향이 있다. 모든 관계는 상대적으로 높거나 낮은 지위에 있다. 한 가정에서도 모든 사람들이 서로 수직적인 관계에 있다. 즉, 형과 남동생, 언니와 여동생이 있다. 쌍둥이라 할지라도 같지 않다. 얼굴을 처음 내민 사람이 늦게 태어난 사람보다 손위에 있고 어른이다.

사회계층을 아는 것이 필수이다. 사람은 언제든지 사회제도상 자기의 자리를 기억해야 한다. 사심 없는 겸손함으로 스스로를 낮추고 상대방을 존중하는 태도를 보이는 것이 필요하다. 사회적이고 사업적인

거래에 있어서 자기를 부정하고 자기를 낮추는 겸양의 태도를 취해야
한다. 스스로 담대하게 나서는 것은 버릇없고 야만적이며 꾸중을 들어
마땅하다고 생각한다.

예를 들어, 음식을 먹을 때나 모임에서 어느 자리에 앉느냐 하는 것
은 중요하다. 예수께서 오래전에 팔레스타인에서 가르쳤던 것처럼, 사
람들은 언제나 낮은 자리에 가야 한다. 그러고 나서 억지로 주인의 안내
를 받아 높은 자리(‘온돌’ 방의 뜨거운 쪽)에 가는 것을 받아들여야 한다.

‘의전protocol’ 은 한국 사람들에게 아주 중요하다. 만일 모임에서 다른
사람들이 자기의 실제적인 지위를 이해하지 못하고 적절한 인정을 해
주지 않으면, 그는 그럴싸한 핑계로 자리를 뜰 수 있으며, 자신의 실체
를 파악하지 못한 사람과는 접촉을 피하려고 한다. 다른 사람이나 다
른 모임의 대표로 온 사람은 더 조심해서 대해야 한다. 왜냐하면 대리
란 사실이든 아니든 사소한 것에도 매우 예민하며 그의 동료들에게 돌
아가서 보고하기 때문이다.

사교의 기본규정도 지키지 못한 사람은 사실상 ‘사람person’ 도 아니
다. 그는 ‘상놈unperson’ ▪이다. 그는 태어나지도 않았다. 즉 ‘못난이’인
것이다. 오직 그가 ‘용龍(강력한 자)’이 되었을 때, 비록 그가 개천에서
났다 하더라도 그는 가치 있게 인정을 받는다(개천에서 용 났다). 그러
지 않으면 고려 대상이 아닌 밑바닥이다. 상놈은 인간 집단 밖에 있는

▪ S. J. Whitwell은 Orwell에서 인용하기를 “서양 사람들은 상놈이고 그들이 하는 짓은
한국 양반에게 돌아볼 가치도 없다.” *Transaction of the Korean Branch of the
Royal Asiatic Society*, 1964, Vol. XLI, “Britons in Korea,” p. 5.

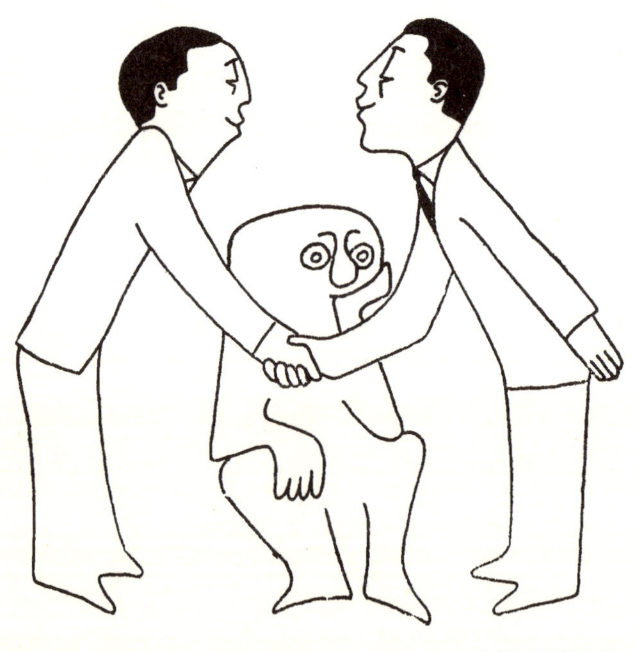

데 사람과 원숭이 사이쯤에 있다.

거지, 창녀, 범죄자, 백정 그리고 어떤 의미에서 외국인은 '상놈'이다. 사회계급의 전통적 서열은 선비가 최상위요, 학생, 관리, 농부, 아전, 상인, 군인, 기생, 음악가와 춤꾼 그리고 끝으로 백정이다. 백정 안에도 계급이 있는데 소 잡는 백정이 제일 높고, 다음은 돼지 잡는 백정이며, 끝으로 제일 낮은 밑바닥 사람이 개를 잡는 백정이다.

양반 앞을 지나려고 했던 두 '상놈'의 이야기는 계급의 차이를 잘 나타내 준다. 돈도 많이 벌고, 그가 섬기고 있는 상전에 대한 법도와 관습도 배운 한 백정이 전라도에서 충청도로 여행하면서 양반집에 묵기를 청했다. 그는 허락을 받고 그날 밤을 사랑방에서 지냈다. 다음날 아침 그는 세수를 하러 나갔는데 그 집 머슴이 그를 주의 깊게 살폈다. 그런 뒤에 주인이 급하게 뛰어나와 멱살을 잡고 양반 흉내를 냈다고 때리기 시작했다. 드디어 그가 하인 출신인 것을 고백하고 어떻게 알아차렸느냐고 물었다. 그 집 하인은 그가 세수를 한 뒤 그의 팔에서 아직 고기 냄새가 나는지 코로 냄새를 맡는 것을 보았다고 말했다. 그는 팔목의 실수로 발각된 것이다.

두 번째 '상놈'은 사물놀이를 하는 사람이었는데 똑같은 방법으로 양반을 속이려 했다. 그런데 그가 상투를 틀 때 그것이 꽉 매졌는지 고개를 여러 번 돌렸다. 그래서 탄로가 났다. 사물놀이 하는 사람은 음악의 장단에 맞추어 고개를 돌릴 때 상투가 풀릴 수 있기 때문에 상투를 단단히 매는 것이 필요했던 것이다. 이 녀석도, 심하게 화가 난 주인으로부터 호되게 맞음으로 당연한 보복을 받았다. '양반'과 '상놈'의 차

이점은 많은 사람들의 태도에서 나타난다.

최근에 외국인들은 한국인의 서열에서는 상상할 수 없는 특별한 계급에 놓여 왔다. 그들은 거의 법을 뛰어넘었다. 그러나 한국인들 사이에서 어떤 사람은 이 '손댈 수 없는' 외국인을 일종의 상놈이라고 생각한다. "그들이 정말 푸른 눈을 통해서 보기나 하는 것일까?" 한국의 풍속과 예법과 언어를 알지 못하는 외국인이 많은 한국인들에게는 무식하고, 교육받지 못하여 미개한 사람으로 보이는 것이다. 많은 한국인들의 마음속 깊은 곳에는 외국인 혐오증이 있다.

많은 사람들은 '상놈'의 감정에는 거의 관심을 보이지 않는다. 그가 살아 있는지 혹은 죽었는지에 대한 안부는 고려할 만큼 가치 있는 것이 아니다. 거지 소녀를 치료하기 위해 유식한 의사가 잠을 못 잔다는 것은 생각하기 어려운 일이다. 어떤 이의 눈에는 의사의 잠이 소녀를 돌봐주는 것보다 중요할지도 모른다. 사람들은 자연히 상놈들과 접촉하는 것을 피하려고 하거나 최소화하려고 한다.

점잖은 관계가 깨지면 어떤 사람들은 거칠어지고 폭력을 쓰게 된다. 한국에서는 공손한 관계의 틀 속에 머물러 있도록 모든 노력을 다해야 한다. 낯선 사람들과 '상놈들' 사이에는 이와 같은 제약들이 필요하지 않다. 적을 만든다는 것은 아주 심각한 문제인데 개인뿐만 아니라 온 가족과 가문이 그 순간부터 적이 될 수 있고, 기회가 있을 때마다 보복하거나 공격하려 할 것이기 때문이다.

복수하려는 음모 또는 '모략'은 한국인에게는 어려운 문제이다. 패거리 집단이 어떤 사람을 한 직장의 지위에서 몰아내려 한다면, 신용

을 떨어뜨리고 희생자를 망치게 하기 위해 사용할 수 있는 온갖 거짓
말과 음모와 사기는 끊임없이 계속된다. 그의 몰락에 영향을 미칠 모
든 책략과 전략이 동원될 것이다. 드디어 희생자는 의지할 곳이 없어
살아남기 위해 그 지역을 떠날 수밖에 없다. 그렇지 않으려면 그를 도
와서 이 공격을 물리칠 만한 강력한 힘을 불러와야 할 것이다. 밀려난
사람에게 기회를 준다는 것은 흔한 일이 아니다. 서양인들의 신사도
와 정정당당한 시합 태도는 한국에서는 전통적으로 토착화되어 있지
않다.

삼면이 바다로 둘러 싸여 있고, 북으로는 적들과 경계하고 있는 아
주 작은 나라에서 적의 공격으로부터 빠져나갈 곳은 없다. 대부분의
사람들에게 이것은 다음 사실을 의미한다. 즉, 그들은 공격을 받을 때
참아야 하거나, 공격이 잠잠해질 때까지 도망가 숨어야 하며, 그런 다
음에 관계를 개선하기 위해 노력할 수 있다. 한국의 보통 사람들을 압
박하는 증오와 두려움과 교묘한 공격이라는 부글부글 끓는 가마솥 안
을 외국인으로서 자세히 인식한다는 것은 어렵다. 일반 한국인들은 대
부분의 미국인들이 가지고 있는 '유동성'을 결여하고 있다. 어떤 가
족 간에는 수 세대 동안 서로 미워하고 있다.

너무나 많은 인파와 장소의 협소함 또는 사생활 때문에 대인 관계를
유지한다는 것은 한국인들에게 아주 중요하다. 외국인은 이런 상황을
이해하는 것이 한국인들이 관계와 공손함에 예민한 이유와 다른 사람
과의 마찰을 피하려 하는 이유를 아는 시작이 될 것이다. 사람들은 언
제나 피할 수 있는 '쥐구멍'을 남겨두어야 한다. 갈등이 한번 표출되

면, 분열만이 해결책이며, 한국의 사고에서는 화해할 가망이 없다.

2
가족 관계

사회는 전통적으로 가족 단위가 중심이 된다. 가족 간의 유대는 아직도 한국에서는 기본적이고 중요한 요소이다. 유교에서 말하는 오륜五倫—군신君臣, 부자父子, 부부夫婦, 장유長幼, 붕우朋友—중 셋은 가족 관계이다. 가족 밖의 모든 사람들은 잠재적으로 경계하고 약간 의심하면서 대하는 존재이다. 가족 단위야말로 참으로 안전한 곳이다. 가족으로 둘러싸인 내부에서는 누구나 긴장을 풀고, 믿고, 사랑하고, 위로하고, 복종하며, 즐거움을 찾을 수 있다.

아버지는 전통적으로 존경받고, 의심할 바 없이 가정의 최고 어른이며, 그가 원하기만 한다면 절대적인 힘을 가지고 가정을 다스릴 수 있다. 그는 가정에 대한 전적인 책임이 있는데 가정을 먹여 살리고, 가족을 위해 일할 자리를 찾으며, 가족 내 젊은 자녀들의 모든 움직임과 결혼 그리고 장래를 승인해야 한다.

현명한 사람이라면 자기의 직위를 통해 가족 구성원들이 회사나 관공서에서 자리를 잡게 할 것이다. 그리하여 그는 다른 집단에 대항해 자신의 지위를 보전하는 데 도움이 되는 지지자들과 조력자들을 확보할 것이다. 이런 상황에서 족벌주의는 유일하게 지혜로운 길인데 한국

의 족벌주의를 걱정하는 외국인들이 이러한 삶의 현실이나 사회적 상황을 제대로 이해하지 못한다는 것을 대부분의 한국인들은 알고 있다.

가족 안에서의 충성심은 직계 가족이 첫째이자 가장 중요하며, 다음은 친척이요, 최종적으로는 씨족이다. 어른 남성의 충성도는 첫째로 그의 부모에게 주어지고, 그 다음은 나이 순서에 따라 형들에게 주어지며, 그 다음은 남동생들과 아들들, 부인 그리고 마지막으로 딸들에게 주어진다.

딸들은 가족에서 최하위의 존재이며 가장 중요하지 않다. 왜냐하면 그들은 결혼하면 가족을 떠나고 남편의 가족과 씨족을 따라가기 때문이다. 전통적으로 여인이 결혼한다는 것은 가족을 영원히 떠난다는 것이다. 최근까지 일단 딸이 자기 집을 떠나 남편 집으로 가면, 그녀는 친정아버지 집의 문턱을 다시는 넘지 않게 되어 있다. 만일 남편이 그녀를 버린다면, 그 여인은 갈 곳을 잃게 되는데 친정집에서는 그녀를 받아 주지 않기 때문이다.

결혼 생활에서 사소한 말다툼이 일어났을 때, "어머니 집으로 도망간다."는 서양 개념은 한국의 전통적인 사고로는 낯선 것이다. 신부는 남편의 집에 적응하거나 아니면 죽거나 둘 중 하나이다. 현재의 가정 법원에는 '어머니 집으로 도망가는' 것을 배운 현대식 젊은 부인들로 북적댄다.

기독교 가정이나 큰 도시에서 전통에 구애받지 않는 부인들 사이에는 이 엄격한 규정이 크게 수정되었다. 그러나 이 규정은 대부분 한국인들의 규범을 나타낸다. 그래서 딸을 낳으면 즐거워하지 않는다. 딸을 낳았을 때에는 아들을 낳았을 때처럼 잔치를 하지 않는다. 어떤 남자들은 여자애가 태어났을 때 그 사실조차 알리지 않는다. 60갑자 중 불행한 12간지에 태어난 여자는 매우 불운해서 좋은 신랑을 찾는 것도 어려울 수 있다.

부모가 생존해 있는 동안에 장자는 부모의 희망과 조언에 복종해야 한다. 그 자신의 계획과 희망은 이차적인 것으로 생각해서 부모의 승낙을 받아야 한다. 보통 장자는 부모와 함께 살거나 가까운 곳에 살면서 돌아가시기까지 온전히 섬겨야 한다. 옛날에는 자식의 의무를 다하는 아들은 부모의 무덤 곁에서 애도하며 삼 년 동안 시묘살이를 했다. 부모에게 의무를 다한 뒤에야 장자는 자유롭게 외국으로 공부하러 가거나 가정의 어른으로서 그가 원하는 대로 할 수 있었다. 장자는 가족의 유산을 상속받는다. 현대 여성들은 맏아들과 결혼하는 것을 주저하는데 장자의 의무를 떠맡기 때문이다. 또한 그녀는 시어머니의 시중을 드는 역할도 해야 한다.

부모의 뜻에 반하여 결혼하는 것은 큰 죄이다. 단지 현대 도시지역의 사람들 사이에서만 이런 규칙이 무시된다. 효자가 되는 것은 모든 아들들의 가장 중요한 의무이다. 가족의 유대는 강하고 지배적이다. 위협에 직면했을 때 가족은 적대 세계에 대항하기 위해 뭉친다. 가족의 이름과 복지는 개인적인 소망 혹은 욕구보다 더 중요하다. 가족 중의 한 사람이 아파서 치료비가 가정경제를 위태롭게 하면 그는 치료를 거부하거나 죽는 것이 온 가족의 가정경제를 위태롭게 하는 것보다 더 낫다. 이것이 생존의 사고방식이다.

해마다 정해진 날에 가족들은 아주 먼 데서 찾아와 조상들의 무덤에 참배한다. 음력설과 가을 명절인 '추석(음력 8월 15일)'은 그중 두 절기이다. 부모상(삼 년간) 동안에 가족들은 제사를 지낼 때 삼베로 만든 상복을 입는데 이때 세 번 이상 묘소에 엎드려 절하고 망자의 혼을 위해 술과 음식을 드린다. 삼 년이 지나면 매년 의식을 행하지만 상복은 입지 않는다. 제사 의례를 마친 뒤에는 주로 묘소가 있는 장소에서 소풍을 즐긴다.

음력설에 자녀들은 부모의 집에 가서 부모 앞에서 진지한 태도로 바닥에 머리를 대고 구부려서 '세배'를 드린다.

음력설은 또한 행복한 때이다. 왜냐하면 그날은 그의 실제 나이에 상관없이 모든 사람의 생일이기 때문이다. 음력설 전에 태어난 아이는 그날에 두 살을 먹는다. 자궁 내 태아기를 생애의 일부로 간주하기 때문에 낳자마자 한 살이 된다. 만일 의례들을 지키고 각각의 명절과 기념일에 요구되는 특별한 것들을 행한다면, 그 사람은 행복하고 행운이 있는 해를 맞이하게 될 것이다. 이런 전통적인 풍속을 무시하는 것은 재앙 속으로 빠져 드는 것이다. 그러나 현대의 많은 사람들은 이렇게 불행한 길을 선택한다.

부모가 살고 있는 곳이 '큰집'이다. 아들들이 살고 있는 곳은 '작은집'이다. 사람들은 집안의 뿌리가 시작된 곳을 조상의 집, 즉 '본'이라고 한다. 사람이 태어나면 그곳이 '고향'인데, 비록 오래전에 현주소로 옮겨 왔다 할지라도 그는 자신을 '고향'에서 왔다고 스스로 생각한다. 두 김 씨가 친척인지 아닌지 결정하려면 '본'을 따진다. 예를 들면 어떤 사람은 '전주 이씨'다 또는 '경주 김씨' 다라고 내세우면서 자랑한다.

위쪽으로 밀어 올릴 수 있는 앞 뚜껑이 있는 작은 나무상자는 각 조상들의 이름이 적혀 있는 나무 평판을 내장하고 있다. 이 위패位牌 상자는 주로 종손의 집에 있다. 이곳은 죽은 사람의 혼이 있는 곳이다. 사람이 집에서 죽지 않으면 그의 혼은 방황하게 되고, 집 밖에서는 쉴 곳이 없다. 따라서 많은 사람들이 병원에서 친척을 집으로 급히 데려가는 이유는 그들을 집에서 편안히 죽게 하기 위해서다. 해마다 정해진 날에 이 위패들 앞에서 기념 참배가 펼쳐진다.

전통과 과거 숭상이라는 압박감은 많은 사람들을 뒷걸음질 치게 하며 종종 변화와 현대화의 방해물이 되고 있다. 옛 관습을 바꾸는 것이 어떤 사람들에게는 조상을 무시하는 것으로 해석되는데 그들이 성실하게 일하지 못한다는 것을 함축한다.

한국의 농부들은 세계의 농부들과 같이 매우 보수적이어서 변화, 특히 가족에 대한 태도와 관계의 변화를 받아들이기 싫어하는 경향이 있다. 현대 도시에서 이 보수주의의 붕괴는 한국전쟁 동안 피난민들의 혼란과 도시의 공업화로 빨라졌고, 많은 젊은이들이 안정감과 과거에 대한 인식을 외면하게 만들고 있다. 도시에서 불량청소년들의 비행이 일어나는 것은 엄격한 가족 중심의 통제가 살아 있는 곳에서는 상상할 수 없는 일이다.

3
노인 존중

　노인들은 언제나 존경을 받아야 한다. 그들은 대접받거나 욕망이 충족되어야 한다. 재미있는 예는 활쏘기 대회에서 볼 수 있다. 궁수가 과녁에 화살을 맞힐 때마다 그의 주위에서 어린 소녀들이 춤추고 노래하는 관습이 있다. 활을 쏘는 노인은 비록 나이든 몸으로 화살을 과녁까지 거리 150미터의 중간까지밖에 못 날릴지라도 변함없이 우아한 존경을 받는다. 백발은 그 자체로 존경을 끼고 산다. 할아버지와 할머니라고 불리는 것은 존경의 상징이다.

　노인의 노여움을 사는 것은 심각한 위험 신호다. 왜냐하면 단순히 나이가 많다는 것만으로 그는 옳고 그른 것을 떠나서 여론을 자기편으로 만들 수 있기 때문이다. 나이 든 분이 계시면 사람들은 계속 긴장해야 한다. 그 앞에서 담배를 피우거나 술을 마셔서는 안 된다. 만일 담배를 피우다가도 노인이 가까이 오면 그는 사려 깊게 담배를 등 뒤로 숨긴다. 어떤 사람은 노인의 호의로 담배를 마저 피울 수 있도록 자리를 피하는 것을 허락받을 수도 있다. 노인 앞에서 혹은 중요한 분 앞에서 편안히 앉거나 다리를 꼬고 의자에 앉는 것은 버릇없는 일이다. 노인 앞에서 의자에 바르게 앉는 자세는 무릎과 다리를 딱 붙이고 두 발을 바닥에 대고 앉는 것이다. 노인이나 손윗사람 앞에서 안경, 특히 검은 선글라스를 끼는 것은 무례한 일이다. 경건의 상징으로 목사가 하나님께 기도할 때에는 흔히 안경을 벗는다.

어린이들처럼 노인들에게는 식사 때 특별한 배려를 기울여야 하고 가능한 한 입맛에 맞는 것을 드려야 한다. 미국에서처럼 노인들을 따돌리거나 양로원에 보내는 태도는 한국 사람에게는 야만적이고 극도로 충격적인 것으로 종종 여겨진다. 한국의 모든 가정에서는 아무리 가난하다 할지라도 존경받는 조부모에게 가장 좋은 방을 드린다.

삶의 정상적인 한 주기는 60년이라고 여겨진다. 61세가 되는 생일은 '환갑'이라고 하는데 이것은 순환주기의 첫 번째로 되돌아왔다는 뜻이다. 환갑을 맞은 분은 가족과 친구들로부터 축하를 받고, 모인 사람들은 그분에게 큰절을 하면서 공식적인 경의를 표한다. 노인들은 여러 가지 종류의 떡과 과일을 쌓아 놓은 상 뒤에 앉는다. 그들이 각자 큰절을 할 때, 어른이 마실 축하주 잔을 드린다. 이렇게 환갑이 지나면 그는 은퇴하게 되고 아들들에 의해 부양을 받는다. 한국은 나이든 사람들에게 사랑스러운 곳이다.

의학적인 관점에서 서양의 나이든 분들에게 흔히 있는 퇴행성 질환이 한국인들에게 없는 이유를 생각해 보는 것은 흥미 있는 일이다. 동맥경화는 한국인들에게 드물며 치매는 흔치 않다. 관상동맥질환도 한국 사람에게는 매우 드물다. 각부의 정맥류靜脈瘤 또한 흔치 않고, 서양의 나이든 많은 사람들을 괴롭히고 있는 동맥경화성 괴저壞疽는 실제적으로 듣지 못했다. 반대로 비교적 젊은 나이의 한국인에게 반신불수가 되는 뇌혈관 발작장애(중풍)는 높은 빈도로 일어나고 있다. 반신불수는 나이 든 사람에게는 주된 사망의 원인이다. 남자들 사이에 위암은 죽음의 주요 원인이다. 폐암, 유방암, 결장암은 미국에 있는 빈도에 비

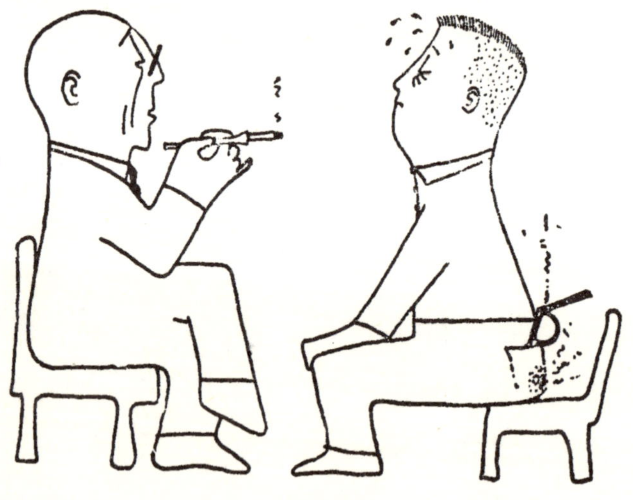

해 비교적 드문 편이다.

노인성 질환이 적은 것은 65세 이상의 인구 비율이 낮기 때문이다. 한국에서 평균 수명은 50세 전후인데 70세 이상인 미국과 비교된다. 한국 인구의 거의 절반이 20세 이하이다.

금빛머리를 가진 많은 외국인들은 그들의 옅은 머리 색깔 때문에 한국인의 눈에는 노인처럼 보인다는 것을 알게 되어 억울하다. 이것은 옅은 회색 머리를 한 젊은이에게는 더욱 그렇다.

4

성과 결혼

부인은 한국에서 공개하기를 꺼려하는 사람이다. 남의 부인과 친구가 되는 것은 있을 수 없다. 부인은 아기를 낳을 때까지 거의 사람대접을 받지 못한다. 부인이 시어머니가 되기 전까지는 시녀의 위치에 있어야 한다. 그런 다음 부인은 가정의 실력자가 된다. 부인의 또 다른 말은 '안에 있는 사람' 즉 '아내'인데, 부인은 가정의 울타리 안에 일단 갇혀 있어야 한다는 뜻이다. 한국의 거의 모든 집은 벽으로 둘러싸여 있으며 부인은 벽 안에 갇혀서 남의 눈에 띄지 않게 머물러 있다.

옛날에 여인들은 오직 밤에만 담 밖으로 나가도록 허용되었다. 어떤 지역에서는 해가 지면 성문을 닫았다가 캄캄해지면 다시 열어서 여인들이 들키지 않고 오갈 수 있게 했다. 서울의 어느 양반 댁 할머니는 한국전쟁 때 가족과 함께 부산으로 피난 가기 전까지는 기차와 논을 한 번도 보지 못했다고 말했다.

장사하는 사람에게 아침 첫손님이 여인이면 재수 없는 날이다. 남편은 그의 부인에게 하대下待해서 말한다.

사랑은 결혼 이후에 오는 것으로 대부분 한국의 결혼은 제대로 만나보지도 못한 채 한 것이어서 참 애정과 사랑은 결혼 후에 있다는 것을 안다. 서로 사랑하고 우의로 존경하는 것에 기초한 현대 결혼을 '스위트 홈sweet home' 결혼이라고 한다. 이혼은 이례적인 것으로 보통 사람들 사이에서는 현대적 혁신이다. 부인이 아이가 없고, 시집 사람들에게 불손하거나 딴 남자에게 애정을 가지면 쫓겨나게 된다. 과거에 첩을 가질 수 있는 제도가 있을 때는 본처를 부양할 수 있으면 아내를 쫓아낼 필요가 없었다. 그러나 하나 이상 부양할 수 없는 가난한 남자는 만족스럽지 못한 부인을 집에서 쫓아낼 수도 있다.

사람들은 결코 그의 가정사와 애정 생활을 집 밖에서 이야기하지 않는다. 애정 문제를 공공연하게 말하는 것은 아무리 좋게 보아도 웃음거리이거나 남을 즐겁게 하는 일이 되며, 전통적 사람들 사이에서는 대중의 냉소를 받을 일이다. 전통적인 한국 부인들은 공항이나 기차역에서 결코 달려가 껴안지 않으며 남이 보는 데서 결코 남편에게 입을 맞추지 않는다.

1960년 이래 현대 젊은 커플들은 급격히 서양의 데이트 행위를 받아들였다. 전통적으로는 남녀가 일곱 살이 되면 서로 떨어져 있어야 한다. 일곱 살이 넘으면 함께 놀 수 없게 되어 있다.

한국에서 여성들은 결코 거의 성적인 공격을 받지 않는다. 강간이란 실제적으로 들은 바가 없다. 옷을 입고 사려 깊게 행동하는 여인들은 어느 거리에서든 밤낮을 가리지 않고 어느 때나, 아마도 외국군인 막사와 도둑과 불량배가 모이는 장소를 제외하면 안전하다.

결혼 중매는 약간의 고전적 예외를 제외하면 엄격하게 현대적이며 도시화되어 있는데 일반적으로 전통적인 생각을 가진 사람들로부터 의심을 받기도 한다. 중매쟁이는 대부분의 결혼을 가정 간의 계약으로 주선한다. 아들과 딸을 위해 좋은 짝을 지어 주는 것은 부모들의 책임이다. 결혼처럼 가정에 중대한 일에 있어서, 젊은이들은 너무 미숙해서 어떤 결정을 할 수 없다고 생각한 것이다. 중매쟁이는 전문가일 수 있는데 중매를 서달라고 부탁받은 사람이나 친척 혹은 친구의 사진첩을 들고 다닌다. 두 사람의 출생시간에 근거한 복잡한 체계로부터 나온 별점과 사주점이 결혼의 타당성을 최종적으로 결정하는 데 고려된다(부록 참조). 순종하는 아들은 만일 누군가에게 매료되면 중매쟁이를 통해 결혼을 주선해 줄 것을 아버지에게 부탁한다. 한 조사에 의하면, 여대생들은 거부할 권한을 가질 경우 아직도 중매결혼을 선호한다.

약혼식은 주로 여자 집에서 하게 되는데, 거기서 양가와 중매쟁이가 계약을 공인하기 위해 만난다. 이 약혼식에서 젊은 커플은 각 쪽에서 신중한 침묵과 적절한 인사를 나누면서 정식으로 소개된다. 여자는 핑크색 옷을 입으며, 선물 교환을 하고 행복한 장면을 기록에 남기기 위해 사진을 찍는다. 가까운 친구가 약혼식에 초청될 수 있으며 이 자리에는 술과 떡이 제공된다. 약혼식 후에는 이 남녀가 대중들이 보는 곳

에 같이 나갈 수 있도록 부모가 허락한다. 얼마 전까지도 두 남녀는 결혼식을 하기까지 함께 다니지 않았다.

신부는 남편의 집에 모든 집안 살림과 생활도구를 가지고 가야 한다. 결혼은 가끔 가난한 가정을 빚 속으로 몰아넣는다. 이런 이유로 딸을 낳은 것은 환영받지 못한다. 딸들은 자라면서 경제적인 부담이 되고 그들이 결혼하면 가정을 떠난 사람이 된다. 그들은 친정식구들에 대해 아무런 일도 하지 않는데 효도도, 조상의 제사도 행할 수 없다.

결혼식 날 신랑과 신부가 택시를 타고 근처의 경치 좋은 곳으로 가 들러리들과 함께 사진을 찍고 돌아오면, 신부는 점잔을 빼고 신랑 옆에 앉아서 하루 종일 손님을 맞이한다. 신랑 신부는 지루하게 기다린 마지막 손님이 떠나고 짓궂은 마지막 농이 끝날 때까지 사적인 시간을 갖지 못한다.

결혼식 날 신부가 웃으면 딸을 낳게 된다고 한다. 새로운 시댁이나 남편에게 사랑을 받기 위해서는 아들을 낳아야 한다. 여인의 주된 역할은 생산이기 때문에 아들을 낳지 못하는 여인은 남편 집안에 들여 놓는 이유가 되지 못한다. 젊은 여인의 불임은 심각한 문제이다. 불임 여인은 여러 한약방과 한의사를 찾아가 상의하며, 아들 낳기를 바라면서 모든 종류의 신성한 곳을 찾는다. 만일 이 모든 것에 실패하면, 그녀는 하녀나 특별히 선택된 사람과 남편이 관계하게 하여 아이를 갖도록 남편과 상의하기도 한다. 아들을 낳으려고 애쓰는 남자들이 여러 명의 첩을 거느릴 수 있는 것은 아주 드문 경우가 아니다.

현대 도시의 젊은 사람들은 이 엄격한 성도덕의 패턴으로부터 자유로워지려고 열심히 노력하고 있다. 그러나 아직도 대도시에서 그들이 얻은 새로운 자유에 대해 완전히 만족하지 못한다. 전통적인 도덕성을 이렇게 깨뜨리는 것을 나이 든, 많은 한국인들이 애통해 하고 있다. 미군들과 미국 영화들은 타락한 현대적 경향 때문에 종종 비난을 받는다. 여러 사람이 보는 앞에서 손을 잡거나 데이트를 하는 것은 나이 든 많은 한국인들에게 충격적이며, 서양인은 단정치 못한 가정풍습을 가진 야만인이라는 비웃음을 사게 한다.

서울 외각에 사는 부부는 일반적으로 사회적인 역할에 함께 참여하지 않는다. 부부의 오락은 종종 부끄러운 것이고 남자에게 부담을 준다. 자신의 보호를 받고 있는 부인이 체면을 손상하는 실수를 하면 안 되므로 긴장하게 된다. 저명인사들은 이런 문제들을 해결하기 위해서 칵테일파티나 서양 축연에 데리고 다니는 내연의 처little wife가 있다고 알려져 있다. 그때 본처는 아이들과 함께 집에 남아 보호를 받는다. 첩은 종종 사랑의 파트너이며, 더욱 현대식으로 옷을 입고 외국어에도 능통하다.

경제적인 이유뿐만 아니라 남녀 간의 접촉과 그로 인한 유혹을 줄이기 위해서 일제 때부터 모든 학생들은 학교를 다니는 동안에는 교복을 입는 것이 요구되었다. 중 · 고등학교 여학생들은 단발머리를 해야 하고 화장은 허용되지 않는다. 학교를 마치고 결혼을 준비할 때에, 소녀들은 담갈색의 교복을 벗고 아름다운 옷과 현대식 머리 모양을 한 젊은 여인으로 갑자기 피어난다.

아주 최근까지 젊은 여인들은 언제나 가슴을 묶어서 모양새 없이 보이게 했다. 가슴은 한국에서 성의 상징이라고 여기지 않는다. 최근 지난 몇 년 동안, 젊은 여인들은 브래지어를 착용하기 시작했다. 대부분의 나이 든 부인들은 착용하지 않는다. 목을 드러내는 것과 높은 굽의 신을 신는 것은 훨씬 더욱 자극적이다.

어린 소녀들과 부인들은 대중 앞에서는 고통스러울 정도로 수줍어하고 겸손한 것이 보통이다. 이렇게 겸손한 태도를 취하지 않는 어떤 여인은 창녀, 그래서 '상것'으로 의심받을 위험을 감수해야 한다. 서양의 남녀 데이트 관습을 따라해 보려는 어떤 여인은 신중하게 해야 하는데 그렇지 않으면 사회에서 추방될 위험을 감수해야 한다. 그런 여자는 좋은 남편을 만나기가 어렵다.

현대 도시 생활은 이러한 관습을 놀라운 속도로 변화시키고 있다. 그러나 서울을 벗어나면 낡은 편견과 생각들이 여전히 광범위하고 강력하게 남아 있다. 서울에 자리 잡은 국제 순회 전위예술 칵테일파티로 인해 서양식 흥행 방법과 관습이 다소간 수용되고 있다. 외국을 여행한 많은 사람들은 사교의 엄격한 한국적 표준을 무시하려 하고 있으나, 자기 가족이나 나이 많은 어른들과 함께할 때 그들의 잘못을 사과해야 한다는 것을 종종 느낀다.

남녀는 전통적으로 거리에서 나란히 서서 걷지 않는다. 부인의 위치는 남편으로부터 두 걸음쯤 뒤이다. 한국 전통에는 '부인 먼저'라는 관습이 없다. 현대 젊은 커플들만이 공공장소에서 나란히 걷는다.

젊은 여성들은 남녀 혼성의 사교생활을 거의 하지 않는다. 나이 많은 여성들은 다른 여성들과 약간의 사교생활을 한다. 그들은 함께 웃

고, 쇼핑하고, 술 마시고, 파티나 소풍에서 춤도 춘다. 남자들이 남성 친구들과 손을 잡고 걷는 것처럼 여성들도 여성 친구들과 편안하게 손을 잡고 걷는다. 결혼하지 않은 여인은 수녀가 아닌 이상 위상이 고려되지 않는다. 그런 여성을 '큰애기'라고 부른다. 그녀는 사회에서 존중이나, 동성 혹은 이해를 거의 받지 못한다. 결혼하지 않은 남자들도 그들이 사제司祭가 아닌 이상 어린애 취급을 받는다. 과부는 거의 재혼하지 않는다. 이 관습은 계속 유효하다. 그녀에게는 오직 사별한 남편의 긴 담뱃대가 위로일 뿐이다.

한국의 시어머니는 서양의 가정 폭군 개념의 우두머리가 될 수 있다. 그녀는 젊은 시절 고통을 감내했고 시어머니를 불평 없이 모셨다. 드디어 그녀의 때가 되면 가정의 새로운 권좌를 최대로 이용하고, 그의 자부를 자신의 온갖 변덕을 만족시키는 하녀로 부린다. 많은 젊은 여성들은 매년 양잿물을 마시고 자살을 시도한다. 시어머니, 때로는 시누이가 자살하게 하기도 한다. 그러나 제대로 된 며느리는 가정에서 지배적인 역할을 할 때를 기다리며 말없이 참는다.

청교도적인 성도덕은 수천 년 동안 한국 여성을 지켜 온 강력한 힘 중 하나이다. 그것은 가족제도를 유지하게 했고, 한국 여성들이 자녀들을 기르면서 장보기를 포함한 집안의 힘든 일을 할 수 있도록 충분한 기회를 제공했다. 가정에서 사생활이 없다는 것과 가정의 여성이 관련되는 한 성도덕은 가정의 문제이며, 개인의 자유로 남아 있지 않는다는 생각은 이러한 개념을 강화시켰다. 남자는 다른 기준으로 살고 있으며 마음대로 기생집을 드나들 수 있다.

5
학교와 동창생들

　가족에 대한 충성 다음으로 중요한 것은 학연學緣이다. 동문 또는 동창생은 필요할 때 후배들을 돌봐야 한다. 그렇게 하지 않는 것은 학교와 학연 서열에 대한 '배신'이다.

　동창생은 더 잘된 동창생에게 도움을 요청할 권한이 있다. 이것은 초등학교 동창에까지 해당된다. 쉽게 벗어버리거나 잊을 수 없는 의무이다.

　동문이나 동창을 실패하게 하는 것은 학교의 다른 동료들로부터 존경과 친선을 잃게 할 수 있다. 그런 사람은 '상놈'으로, 그룹에서 쫓겨나게 될지도 모른다.

　정부기관과 회사에서 지위를 보장하는 것은, 힘쓰는 자리에 동료 동문을 가졌는지에 크게 의존하는데 그런 자리에 있으면서 서로를 돕고 결국은 사무실, 회사, 정당 혹은 나라의 통치권도 얻는다. 예를 들면 1961년 쿠데타를 일으킨 사람들은 대부분 육군사관학교 8기생이다. 모든 8기생들은 그들이 실제로 쿠데타에 참여했든 하지 않았든 권력자가 되었다.

　포부를 가진 사람들이, 성공한 동문들이 없는 학교에 가는 것은 어리석은 짓이다. 어떤 가정은 자기 아들을 졸업생이 잘 풀려나간 유명한 학교에 등록시킬 돈을 마련하기 위해 집이나 농장, 소를 담보하기도 하고, 심지어는 딸을 사창굴에 보내기도 한다. 학생이 입학하면 그가 얼마나 많이 공부했느냐 혹은 배웠느냐는 별로 문제가 되는 것 같지 않다. 동창생을 얻는 것과 졸업생을 얻는 것 자체가 충분한 목적이 된다.

현재는 서울대학교가 국가의 강력한 자리를 위한 내적 통로로 알려져 있다. 그보다 못한 대학에 간다는 것은 현재 한국에서 높은 자리라고 하는 자신의 미래 희망을 제한하는 것이다. 현대 여성들에게는 이화여자대학교가 같은 위치를 차지한다. 탁월한 사람이라면 당연히 이화 출신의 아내를 얻기 바라는데, 풍부하고 영향력 있는 동문 관계는 그러한 아내를 통해 얻을 수 있다. 이것은 미국 동부에서 공통적인 아이비리그 대학의 학연 사고방식과 크게 다르지 않다.

좋은 학교에 자녀를 등록하는 문제는 유치원에서부터 시작한다. '이름 있는' 학교 수는 비교적 적어서 입학 경쟁은 엄청나다. 서울에 있는 유명한 학교들은 학생들을 아주 이름 있는 상급학교에 보내기 위해 서열을 매기기도 한다. 학부모들은 서울에 있는 좋은 학교에 자기 자녀들을 보내기 위해 엄청난 스트레스를 받는다. 그들은 자녀들의 장래가 학교에 따라 좌우된다고 말한다. 학생들은 입학시험 때문에 엄청난 스트레스를 받는다. 가끔 과외선생을 고용하고 시험 준비에 많은 시간과 비용을 들인다.

입학시험에 실패한다는 것은 개인은 물론이고 가정의 비극이다. 한 의사는 그의 아들이 원하는 유치원에 들어가지 못했기 때문에 유망한 자리를 포기하고 시골로 이사를 했다. 체면을 잃은 것이 그로서는 견딜 수 없었기 때문이다.

한국의 많은 학교에서 암기는 주된 강조점 중 하나인데 어린이들은 그러한 일을 지나치게 반복해서 훈련한다. 이로 인해 한국 어린이들은 암기력이 아주 좋아서 이 능력에서는 같은 나이 또래의 서양 아이들을 종종 압도한다.

그러나 이렇게 함으로 인해 추리하고, 문제를 풀고, 평가하고, 스스로 독창적이거나 독립적으로 사고하는 능력을 발전시키지 못하는 경우가 흔하다. 이것은 인생에, 특히 과학 분야에 심각한 문제를 가져오는데 많은 학생들은 자료를 수집하고 종합하고 귀납적인 추리 방법으로 답을 찾아내는 훈련을 하지 않았기 때문이다.

유용한 데이터로부터 건전한 판단을 하는 능력은 아마도 현재 한국 교육제도에서는 가장 약한 것 중 하나이다. 작은 대학 두 곳에서 서양의 인문대학과 이과대학의 방법을 대학 교실의 학습에 소개함으로써 이 문제를 수정하려는 과감한 노력을 시도하고 있다. 이 학교들은 예수회에서 세운 서울의 '서강대학'과 장로교에서 세운 대전의 '대전대학'■이다. 이 학교들은 이미 자기들의 노력에 대해 학술적 인정을 받기 시작하고 있다.

인구 증가로 인한 주요 고민들 중에 과밀학급이라는 압박은 교육부와 국가의 큰 문제이다. 한국인들은 현대교육에 집착하고 있는 것 같고, 고등학교나 대학을 졸업한 뒤 직장을 찾는 사람들에게 높은 수준의 학업 성취도를 요구하고 있다. 과거 이십 년간 한국에서 교육의 질

■ 현재의 한남대학교. - 옮긴이

은 건전하게 발전되고 있는 것 같다.

육 년간의 초등학교와 삼 년간의 중학교 그리고 삼 년간의 고등학교에서 입학 경쟁은 광적이다. 그것은 실제로 가장 우수한 학생들만이 다음 단계의 학교에 입학한다는 것을 알기 때문에 학생들과 부모들과 교사들은 정신적으로 혹독한 테스트를 받는다. 편법과 속임수의 기회는 항상 있고, 자녀들의 정신적 능력과 상관없이 입학되어야 한다고 요구하는 돈 많은 학부모들의 압력에 저항하기란 쉽지 않다.

학생들이 넘치는 초등학교에서는 자기 자녀들을 앞자리에 앉혀서 교사의 목소리를 잘 듣게 하려는 부모가, 수입이 적은 교사에게 선물을 내미는데 이를 거절하기란 쉽지 않다. 좋은 학교에 입학하지 못한 학생들을 받아들이는 또 다른 학교들이 생겼다. 이 학교들은 상대적으로 학문 수준이 열악한데 돈을 받고 졸업장을 주는 대규모 학위 공장이 되었다. 그들은 자기네 이미지를 향상시킬 수 있는 누구에게나 명예박사 학위를 덩달아 주고 있다.

외국의 많은 방문객들은 자기도 모르는 사이에 이 대학들의 동문 명단에 오르게 된다. 어떤 대학은 학교에 전혀 출석하지 않은 학생에게 학사학위를 판다고 알려져 있다. 이렇게 무성하게 자란 새로운 대학들이 자신의 수준을 높이고 실제로 배울 가치가 있는 학교가 되는 것을 보장하는 일은 미래의 도전이다.

많은 학생들은 기술 분야가 아닌 쪽을 공부하려 한다. 대학 졸업생들은 넘쳐나고 대학 졸업생들의 상당수는 일자리가 없다. 왜냐하면 그들은 한국에서는 필요 없는 학과를 졸업했기 때문이다. 졸업생들이 일

을 하도록 교육하는 학과는 열등하다는 일반적인 정서가 아직도 많은 결정을 지배하고 있다. 그래서 훈련받은 기술자, 화학도, 배관공, 전기 기술자 그리고 과학도들이 부족한 것 같다. 정치학 전공과 영문학 전공자들이 넘쳐나는 것 같다. 육체노동이 한국 지성인들에게 고귀한 것이 되어야 한다. 전통적으로 유교에서는 선비가 되는 것이 인생에서 최상의 성취이며, 그 자체가 인생의 목적이라고 생각해 왔다. 다른 나라에서는 그들이 여러 학위를 취득하는 동안 계속 학생으로 남아 있는 사람이 있다. 그리고 그의 가족이나 장학금은 그를 돕는다.

한국은 특별히 교사들에게 좋은 나라이다. 교사는 전통적인 유교사상에 따라 학생들로부터 크게 존중을 받는다. 많은 외국인이 한국에 교사나 고문으로 와 있는데, 만일 그들이 사업이나 무역으로 왔다면 십중팔구 제공될 수 없는 즐거운 신분을 그들은 누린다. 교사는 존경하고 흠모하는 학생들로 둘러싸인다. 어떤 학생들은 좋아하는 선생의 제자가 되려 하고 평생 동안 스승과 가까운 곳에 살려고 한다. 한 가지 미래의 과제는 학생들이 부모로부터 독립하여 자력으로 서도록 자극하고, 스스로를 책임 있는 개인으로 생각하게 하며, 또 그들의 지혜를 국가 자원의 발전에 적용하게 하는 일이다.

1960년 4월 19일 학생들이 주도해서 이승만 정권을 물러나게 한 데모 이래로 학생들은 더욱 공격적으로 각종 정치 및 시민운동을 주도하고 있다. 학생들은 교수들의 지원을 받아 가끔 대학 총장을 쫓아내는 반란을 일으키기도 하고, 개혁되어야 한다고 생각하는 사회악에 대항해서 데모를 하기도 한다.

학생들은 종종 도덕적 개혁성과 성실성의 발전에 있어서 그들의 선생들보다 훨씬 앞선 것 같다. 한국의 커다란 기회와 소망은 이 땅을 현대화하기 위해 학생들이 유교를 적절하게 변형시키는 것이다.

고도로 조직화된 대학 캠퍼스에서의 학생 조직은 최근 얼마 동안 잠재적인 정치 세력으로 대두되고 있다. 그러나 나이든 사람들은 행정기관을 통해 강력하게 대응하면서 학생들이 전통적인 학도의 역할을 하도록 그들을 스승의 발 아래로 되돌려 놓으려고 하고 있다.

IV

예의 범절

6

예절의 중요성

한국인들은 적절한 예의범절이 수반될 때 우리가 만날 수 있는 가장 공손한 사람들에 속한다. 한국인들은 이방인들이나 동료들과의 개인적인 관계에서 예의범절을 매우 엄격하게 지키려 한다. 오지의 산골 마을에서조차 정중한 예법이 실천되고 있다. 예절은 유명한 사람들이 모인 곳에서뿐만 아니라 가장 보잘것없는 가정에서도 지켜진다. 교양 있는 한국인의 절묘한 예의는 미국의 '남부 신사'까지도 거칠고 야만적인 사람으로 보이게 한다. 가장 중요한 원칙은 연장자와 손님을 존경하는 것이다.

다른 사람과 신체적으로 접촉하는 것은 친근한 친구 관계나 어려서부터 아주 친한 사이가 아니면 상대를 모욕하는 것이다. 이것은 혼잡한 기차나 버스 안에서는 적용되지 않는다. 악수하는 습관은 최근에 생긴 일로 전통적인 생각을 가진 한국인에게는 아직도 자연스럽지 않다.

전환기인 한국에서는 좋은 평판을 얻기 위해 머리를 수이면서 거수 경례를 하고 이와 더불어 두 손으로 악수를 하는 군인을 볼 수 있을 것이다. 많은 남자들은 지금 그들이 현대화되었다는 표시로 악수를 한다. 잘 살펴보면 한국인은 한국말을 못하는 서양인에게는 악수를 하고, 같이 있는 서양인이라도 한국말을 하는 사람에게는 고개를 숙여 인사한다.

부인이 남자와 악수하는 것은 최신식이다. 이것은 한국인과 서양 부인이 함께 줄을 서 손님을 맞으려고 서 있는 정식 환영회에서 볼 수 있다. 한국 부인은 서양 사람이 지날 때 부끄러워하면서 악수한다. 그러나 한국 신사가 줄을 서서 지나가면 갑자기 태도를 바꾸어 우아한 인사를 한다. 이와 반대로 한국 신사는 서양 부인과 주저 없이 악수를 한다. 그러나 그 줄에 서 있는 한국 부인에게는 늘 하듯이 형식적인 인사를 한다. 악수는 이와 같이 그들이 이방인의 관습을 존중하고 있다는 것을 보여주는 현대 한국인의 특성이다.

누군가의 등을 손바닥으로 친다든가 안면 정도만 있는 사람의 어깨에 팔을 두른다든가 혹은 여러 사람 앞에서 너무 친한 체하는 것은 미래에 관계를 차갑게 할 수 있는 심각한 행위이다. 만일 외국인이 농담을 해서 누군가를 부끄럽게 만들었다면 그는 굉장히 화를 낸다. 그러나 서울의 지식층들은 동료들이 신랄한 농담을 해도 기쁘게 받아들인다.

몇 잔 마신 후에 남자들은 종종 아주 친해지게 되나 동시에 약간 취한 것에 대해 양해를 구한다. 그 다음날은 그들은 너무 취해서 착한 분에게 실례가 많았다고 말할 것이다. 과도히 친근하게 대하는 것에 불쾌감을 느꼈던 사람은 그냥 웃으면서 전혀 괘념하지 않았던 것처럼 보인다. 그러나 집에 가서 모욕을 마음에 품고 미래에 복수할 계획을 세울지도 모른다. 사람들은 모욕이나 상처를 거의 잊지 않는다. 악과 상처는 종종 커진다. 자기에게 나쁜 일을 한 사람에게 복수하기 위해서는 '50세대'까지도 간다.

자신의 존재감을 드러내지 않는 것은 겸손의 표시이다. 사람들로 가득찬 방에서 자기 자리로 가기 위해서는 고개를 낮추어 인사하면서 몸을 숙이고 가는데 오른팔은 상하로 우아하게 움직이고, 왼팔은 오른쪽 소매에 넣고 길을 열며 오리가 자맥질을 하듯 걸어간다. 선물이나 어떤 물건을 건넬 때는 언제나 두 손으로 드려야 한다. 한 손으로 주는 것은 실례이다. 판문점 회의 때 이북 공산주의자들은 그들의 보고서를 유엔^{UN} 대표에게 한 손으로 건넴으로써 일상적인 모욕을 행했다.

대중 앞에 나올 때(연설을 하거나, 의식을 행하거나, 졸업장을 받을 때)는 시작할 때와 끝날 때 먼저 청중을 향해서 그리고 그 모임의 의장을 향해 인사를 한다. 적절한 인사법은 허리와 등을 곧게 하고 아래턱을 당기고, 손바닥은 엉덩이에 놓고 느리게 물이 흐르는 동작으로 인사를 한다. 한국 어린이들은 인사를 우아하게 하는 방법을 익히며 자라는데 자연스럽고 매력적이다. 서양 사람들이 이 어려운 인사를 모방하면 종종 우습게 보인다. 서양 사람들은 인사할 때 고개를 까딱하는 것이 온

당할 것이다. 왜냐하면 좌중을 흥겹게 하는 한국인들이 그들의 인사를 웃음거리로 만드는 일이 아주 종종 있기 때문이다.

비록 조선시대에 물시계가 발달했지만, 대부분의 사람들은 시간을 지키는 것, 제시간에 오는 것, 제시간에 시작하는 것 또는 제시간에 떠나는 것을 괘념하지 않는다. 꽉 짜인 스케줄에 대한 올바른 인식이 없다. 많은 대중 행사는 공고한 시간보다 한 시간쯤 늦게 천천히 시작한다. 1961년 시작된 군사정권은 이에 대한 변화를 가져왔는데, 이것은 외국 군사고문관들로부터 훈련을 받은 장교들의 새로운 군대식 시간 개념의 인식 때문이다. 많은 행사에 시간 맞춰 도착한다면 식이 시작되기까지 기다리다 못해 지치게 된다. 이것은 시간에 민감하고, 스케줄에 얽매인 외국인을 가장 당혹스럽게 하는 것이지만, 한국인들에게는 조금도 걱정거리가 되지 않는 것 같다.

시간을 안 지키는 것에 대한 하나의 예외는 기차인데 대개 제시간에 운행된다. 이 전통은 일제강점기에서 시작되었는데 일본의 황국철도제도는 철저한 시간을 지키는 데 광적이었던 것 같다. 1930년대에 일본의 철도기관사가 서울역의 플랫폼에서 자살하려 했다는 보도가 있었다. 왜냐하면 그 열차는 일본 황족을 태우고 있었는데 2분 연착했기 때문이었다.

1945년 해방 직후 열차 시간은 가장 믿을 수 없었다. 그러나 한국전쟁 이래 열차 업무는 정상적으로 돌아왔고, 기차를 타기 위해서는 늦지 말아야 했다. 기차 칸에 사람이 넘칠 때 많은 여행객들은 기차의 좌석에 앉기 위해서 일찍 줄을 서야 한다는 것도 배웠다.

시간을 맞추기 위해 이렇게 서두르는 것을 전통적인 학자와 농부들은 좋아하지 않는다. 왜냐하면 퍼덕이는 오리나 놀란 쥐처럼 시간에 대한 누군가의 강박감에 맞추려고 서두르는 것이 그들에게는 품위 없고 천박한 것으로 보이기 때문이다. 많은 사람들은 아직도 시간과 공간의 관계를 생각하지 않는다. 그들은 아직도 시간이나 다른 것에 있어서 정확성의 개념에 익숙해져야 한다. 군대 경험을 가진 신세대의 남자들이 언젠가는 한국의 현장에 시간 개념을 가져올 수 있을 것이다. 급하게 서두르는 듯이 보이는 것은 아직도 무례하고 신사들에게는 어울리지 않는 행동으로 생각된다.

어떤 운전수가 모델-T 포드 차를 운전하면서 선교사가 타고 있는 다른 모델-T 포드 차를 추월한 적이 있었다. 그는 추월한 뒤, 차를 세우고 사과하면서 기차를 타기 위해서였다고 설명하고, 존경하는 선생님을 추월한 무례함을 용서해 달라고 했다. 서울에 있는 요즘 운전기사들은 도쿄의 유명한 가미가제(神風; 총알) 택시 운전기사들 노릇을 하고 있는 것 같다. 그들은 도로에서 격식을 차리는 모든 예절을 잃어버리고 있다.

적절한 예의범절을 실천하는 것은 여전히 해야 하는 것이고, 대부분의 한국인들은 이를 예민하게 평가한다. 외국인이 한국인들의 감정과 감수성에 대해 적절한 존중과 관심을 보여주기 위해서는 자기의 행동을 아무리 조심스럽게 해도 지나치지 않다.

7

소개

한국에서는 어떤 사람을 다른 사람에게 소개하는 관습이 없다. 당신이 당신의 친구들에게 스스로 소개할 것을 부탁한다. 이것은 하나의 공식적인 작은 의식이다. 한 사람이 "전에 뵙지 못했습니다." 또는 "처음 뵙겠습니다."라고 말한다. 상대방도 그렇게 말한다. 그럼 둘 중 나이가 많거나 계급이 높은 사람이 말한다. "각자 소개를 하십시다." 두 사람은 한 발자국씩 물러나 허리를 굽혀 인사하고 자기 이름을 말한다. 그들은 정식으로 소개를 한다. 이 의식은 바닥에 앉아서 할 수도 있다.

이름은 종종 정확하게 들을 수가 없는 낮고 겸손한 목소리로 언급된다. 이 어려움을 해결하기 위해서 명함을 교환하는데 이로 인해 새 친구의 이름과 지위를 한가할 때 알 수 있을 것이다. 사람들은 "실례하지만, 이름을 알지 못합니다."라는 말을 하지 말아야 한다. 명함은 한국에서 매우 필요하고 적절해서 많은 사회활동과 사업에 필요하다. 한국인이 명함 없이 관공서의 하급 서기관의 자리를 얻을 기회는 희박하다.

한국인은 당연히 아무한테나 자신을 소개하지 않는다. 공식적인 소개를 하는 것은 그가 '양반'으로 인정될 때만 그렇게 한다. 그들은 벽지의 일부로 여겨지는 하인이나 점원은 소개하지 않는 것이 보통이다. 서양인들은 이렇게 인정된 '양반들'이 하인이나 운전사들을 소개받고

화를 내는 것을 기억할 것이다. "왜 그는 아무것도 아닌 자에게 내 이름을 주어야 한다고 생각했는가?" 하고, 조심성 없는 미국인의 태도에 불평을 한다.

일반적인 경우, 두 사람을 각각 소개하는 데는 제삼자가 필요하다. 낯선 사람에게 가서 자기소개를 하는 것은 적절하지 않다. 그러나 여행 중 우연히 동행이 되어서 소개 없이 깊은 대화를 하기도 한다. 만일 만남이 기뻤고, 두 사람이 또 만나기를 원한다면 그들은 서서 이야기한다. "잠깐, 우리 서로 먼저 소개합시다.""그래서 우리의 교제를 더 적절하게 계속할 수 있게 합시다." 그러고 나서 명함을 교환하고 새로 찾은 친구의 높은 자리에 대해 놀라워하고 경탄하면서 소리가 들릴 만큼 숨을 크게 들이마신다.

군대 경험이나 서양 사람을 만난 적이 있는 많은 한국인들은 가벼운 미국 방식을 사용하기 시작했다. 그러나 많은 한국인들은 이것을 아직도 상스럽게 생각한다. 이런 점에서 그들은 서로 격식이 없는 일이 별로 없다.

8
이름과 직위

한국에서 이름을 사용한다는 것은 대부분의 서양 국가들 특히 미국에서의 그것과 전혀 뜻이 다르다. 유교에서 이름을 사용하는 것은 주제넘고 건방진 짓이다. 이름은 무언가 명예롭고 존경받는 것이며 함부로 사용해서는 안 되는 것이다. 샤머니즘에서 이름을 글로 쓰는 것은 영의 세계를 불러내는 것이며 불행이다. 글로 쓰이거나 입으로 불리는 이름은 그 자체에 어떤 신비함이 있다.

이름은 인간의 사적인 재산이다. 이름으로 사람을 직접 부르는 것은 대부분의 사회적 정황에서 상대방을 모욕하는 짓이다. 한국에는 비교적 적은 수의 성姓이 있다. 그래서 서양인에게는 김, 박, 이 등이 터무니없이 많이 있는 것처럼 보인다. 서양인들이 한국인의 이름을 면대해서 부를 때 약간 놀라는 눈빛을 보게 된다. 거의 항상 그 근처에 그 이름을 가진 사람이 있다. 따라서 이름을 부르는 것은 한국에서 친구를 사귀고 사람들에게 영향력을 끼치는 방식이 아니다.

이름이란 그 자리에 있지 않은 제 삼자를 지칭하는 것 외에는 공손한 사교의 일부가 아니다. 대신에 직함이나, 지위, 직업, 전문직, 학위명 또는 '선생님'과 같은 명예로운 호칭을 사용한다. 미국인들이 쓰는 방식과는 달리, 예를 들면 "안녕하십니까, 김씨."라고 부르는 것은 부적절하다. 공손하게 "안녕하십니까?"가 가장 좋다. 만일 지칭해야 한다면, "안녕하십니까, 선생님."은 가능하다.

서양인이 한국인에게 매우 자주 잘못하는 것 중의 하나는 대화하면서 너무 자주 이름을 쓰는 것이다. 미국 상공회의소의 방식은 아마도 서울 로터리클럽을 제외하고는 한국에서 거의 통용되지 않는다. 이름을 자주 쓰는 것은 단순히 한국인에게 예의 바르지 못한 일이고, 다른 사람의 이름을 아주 자유롭게 언급하는 사람은 개인의 사유재산에 대해 둔감하다는 것을 보여준다. 한국인들은 서양인들이 이름을 잘못 사용하는 것은 그들이 상스럽다는 증거라고 종종 지적한다. 즉, 가장 당혹스럽고 창피한 방식으로 이름을 사용하는 그들이 얼마나 야만스러운가라고 한다. 많은 한국인들은 수년 동안 상대방의 이름을 완전히 모른 채 이웃에서 일하며 살고 있다.

한국에서는 '이봐, 맥Hey Mac' 이나 '조Joe' 라고 부르는 것을 삼가야 한다. 이에 근접한 말로는 '여보' 즉 '여기 보세요.' 인데 이는 지명하는 사람을 낮춰 보는 것이다. 이런 말을 안전하게 쓰기 전에 상대방이 낮은 신분임을 분명히 확인해야 한다. 공손하게 시작된 대화가 뜨겁게 달아올랐을 때, 당신은 화가 난 것을 상대방에게 알릴 수 있으며, 큰 소리로 "여보!"라고 하면서 목소리를 바꿈으로써 그가 깨달을 수 있게 충격을 줄 수 있다. 이것은 즉시 갈등을 악화시킬 것이다. 이방인들은 사람들이 서열을 결정하고 그들과 적절한 관계를 맺을 때까지 조심스럽게 존중해 주는 대접을 받는다. 그러고 나서 사람들은 상황에 맞는 적절하고 적당한 존칭을 붙여 준다.

한국의 대통령은 고위 관리들에 의해 '각하'라고 불리며 그분이 없을 때도 이와 같이 지칭된다. 이러한 방식은 너무 익숙해서 대화하는 중에 그런 저명인사의 이름을 사용할 수 없다. 이것은 고대 히브리인들이 여호와라는 이름의 사용을 피하기 위해 여러 가지 방법을 썼던 것과 유사하다. 사람들은 야당 의원들을 곧 알아볼 수 있는데 그들은 대통령의 이름을 주저하지 않고 사용하기 때문이다. 정부의 고위직에 있는 사람이나 인생의 상당한 나이와 위치에 있는 사람을 '영감'이라 당고 부른다. 정치 분야에서 드러나고 있는 미묘한 특성 중 하나는 이미지 만들기에 대한 새로운 인식이다. 이런 정치적 상황에서 지도급 인사는 자신의 성을 직함 및 적당한 존칭과 함께 쓰는 것을 선호할 수 있는데 이것은 유권자들 앞에 이를 제시하기 위함이다.

고상한 신사라는 뜻을 가진 '양반'은 그가 있을 때나 없을 때 제삼자를 지칭하는 관직인데 적절한 어조이거나 농 섞인 어조일 수 있다. '박사'라는 칭호는 박사학위를 가진 사람을 지칭하는 직함이다. '박사'라고 부르는 것은 언제나 아첨하는 것이며 깊은 존경심을 나타내는 말이기도 하다. 왜냐하면 학자는 사회의 최정상에 있기 때문이다. '박사'로 불리는 경우 큰 무게가 실릴 때도 있는데 학계와 문화계에서는 흔히 사용된다. '선생'은 '선배', '윗분' 혹은 '스승'을 의미하는데 평범한 사람에게 언제든 안전하게 쓸 수 있는 명칭이다. 첫 모임에서 상대방에게 당신의 스승과 인생의 안내자가 되어 달라고 부탁하는 것은 적절한 일이다. '군君'은 선생이 학생을 부를 때 사용하는데 예를 들면, "김군."이라고 한다. 사환이나 학생 조교도 '군'이라고 부를 수 있다. '애'는 어린아이나 구두닦이를 부를 때 사용한다.

서울의 미국 대사관에 있는 한 영사가 어느 젊은 여성에게 미국 비자를 신청하면서 거짓으로 서류를 작성해서 제출한 것에 대해 질책하는 말을 우연히 엿듣게 되었다. 그 젊은 관리는 아주 독선적인 목소리로 이 여인이 서류에 거짓을 기록했기 때문에 결코 미국에 들어갈 수 없다고 말했다. 어려움의 근원은 한국인의 이름이, 많은 미국인들을 혼란스럽게 한 것이었다. 한국의 여인들은 결혼한 후에도 자기 성을 가지며 남편 성을 따라가지 않는다. 문제의 여인은 그의 서류에 '미스 김Miss Kim'이라고 썼던 것이다. 조사 결과 그녀는 '미스터 박Mr. Park'과 결혼한 것이 드러났다. 아하! 의심할 여지없이 미국 정부를 속이려 했던 것이다.

그러나 사실 그 여인은 순진하게 한국 관습을 따르고 있었던 것이다. 여자는 언제나 자신의 성을 쓰며 남편의 성을 쓰지 않는다. 그리고 미스터Mr., 미세스Mrs.와 미스Miss는 모두 '씨氏'로 똑같이 표시된다. 이 젊은 여인은 그녀가 잘못을 저지르고 있다는 것을 몰랐기 때문에 범죄자로 고발되었던 것이다. 일을 시작하기 전에 지역의 관습을 알아야 한다.

한국인의 이름은 보통 세 글자로 만든다. 성이 먼저 오고, 그 다음 두 글자로 된 이름이 오는데 그중 하나는 씨족(한 조상으로부터 내려온 모든 구성원들)에 의해 선택되고 같은 항렬의 모든 구성원에게 사용된다. 이름을 앎으로써 족보에서 그 사람이 몇 대째인지 알 수 있다. 가끔 이름이 외자인 경우가 있고, 어떤 사람은 세 자로 되어 있기도 한다. 그러나 보통은 두 자로 되어 있다. 이름은 가정에서나 급우끼리 또는 특별한 애정의 표시로 서로의 이름을 부르기로 합의한 아주 가까운 친구 사이에만 쓰인다. 어려서부터 아는 사람들 역시 서로 이름을 사용한다. 그렇다 하더라도 이름은 서양 가족에서보다 훨씬 적게 쓰인다. 어머니는 다 큰 딸을 손님 앞에서 이름으로 부르지 않는다. 많은 사람들은 외국인들이 자기 이름을 부르는 것을 싫어한다. 어린이들에게 집안의 어른 친구의 이름을 부르게 하는 미국의 평상적인 습관은 특별히 화나게 한다. 영국인들은 이런 실수를 덜 한다.

집에서 일하는 사환이 젊으면 이름을 부를 수 있다. 스승은 좋아하는 제자를 끝에 '-야' 자를 붙여서 이름을 부를 수 있다. 특별한 애정과 부자父子 관계 형태로 보이기 위해서다. 아버지는 그의 아이들을 사랑하는 표시로 '-야'라는 호격조사를 써서 부른다. '야'는 또한 짐승들을 부르는 데도 사용하며 누군가에게 화를 낼 때에도 사용한다. 일반적으로 이름을 쓰는 것을 피하기 위해 갖가지 방법들이 동원된다.

전통적인 신부는 신랑을 '서방님'이라고 하는데 이는 '남편'을 지칭하는 고어이다. 현대에도 서방님이라는 말은 신부에게 남편에 대해 물을 때 농이나 익살로 사용되고 있다. '김 서방'이라고 말하는 때처럼 '서방'은 지금도 시골에서 사용되고 있으며 문학에서 시골뜨기를 말할 때는 해학적인 효과를 위해 쓰인다. 부인은 그녀의 남편을 '우리 집 주인'이라고 부른다. 그녀는 그를 '바깥양반'이라 부를 수도 있다. 그녀의 남편에 대해 물을 때 제삼자가 알고 있으면 그의 관직이나 자리로 물을 수 있고 '바깥양반'이라고 할 수도 있다. 부인은 그냥 '남편'이라고 부를 수도 있다. 남편은 그의 부인을 '여보'라고 부른다. '여보'는 매우 특별한 관계를 나타내는데 '허니honey'나 '달링darling'과 같은 말이다. 남편은 다른 사람 앞에서 부인의 이름을 부르지 않는다.

한국 사회에서 언어가 대인 관계의 계층화를 어떻게 잘 나타내는가에 대한 좋은 실례는 남편이 그의 부인을 부르는 방법에서 볼 수 있다. 영어의 '와이프wife'는 그가 대화하는 사람의 지위에 따라 달리 언급될 것이다. 예를 들면, 높은 자리에 있는 사람에게 말할 때 그녀는 '처妻'

이다. 동등한 지위의 사람에게는 '집사람' 또는 '안사람'이다. 가까운 친구에게는 '아내'이고, 낮은 사람에게는 '아기 어머니'이다. 많은 서양인들은 한국어로 말할 때 자기 아내에게 존경과 동등함을 표시하는데 이는 우스꽝스러운 잘못을 저지른 것이다. 한국인들은 이것을 뻔뻔하고, 맛이 갔으며, 기껏 한다는 짓이 언어를 사용에서 해괴한 실수를 범한 것이라고 생각한다.

다른 사람의 부인을 부르는 데 사용되는 다른 종류의 용어들도 있다. '여사'는 부인을 위한 최상급 칭호인데 예를 들어 대통령 부인에게 쓴다. '부인'은 중상급이고 자기 부인을 지칭하는 말로는 쓰지 않는다. 이것은 한국어를 말하는 외국인(서양인이나 중국인)이 흔히 범하는 잘못이고, 한국인이 외국인을 흉내 내는 놀이에서 분명히 웃음을 자아낼 것이다. '사모님'은 흔히 쓰는 존경의 호칭이다. '아주머니' 또는 나이에 따라 '할머니'는 평상 대화에서 쓰인다.

본인이 없을 경우 그 사람을 말할 때는 별명으로 지칭하기도 한다. 예를 들어 '돌대가리'는 즐겨 쓰는 별명인데 이는 벽창호, 둔한 또는 멍청한 사람을 두고 하는 말이다. '호'는 많은 저명인사, 작가, 예술가, 시인 그리고 정치인들의 장신구의 일부이다. 사람들은 '호'를 존경받는 철학자나 스승으로부터 받기도 하며 스스로 만들기도 한다. 이 필명은 그림이나 시, 책에서 매우 제한적으로 사용하거나 공인의 잘 알려진 이름이 공적으로 사용될 때 언급된다. '호'는 사교계의 내부 사람끼리 쓰일 수도 있다. 이것은 엘리트 계급 사이에서 실명을 자유롭게 쓸 때 발생하는 당혹감을 없애는 것이기도 하다.

젊은 사람은 나이 든 분을 '아저씨'라고 부를 수 있다. 나이 든 여성은 '할머니', 나이 든 남자는 '할아버지'라고 부른다. 나이가 분명하지 않은 서양 부인들은, 은색 머리를 향해 존경하는 몸짓을 하며 '할머니'라고 불러서 존경을 나타내는 학생들을 기뻐하지 않을 것이다. 그 학생들은 모욕을 준 것이 아니고 단지 공손하게 한 것이다.

만일 상대가 저명인사가 아니면서 분위기가 따뜻하면, 그보다 약간 윗분일 때는 '형님'이라고 부를 수 있다. 그러나 고위직에 있거나 유명한 사람을 형제라고 부르는 것은 무례한 일일 수 있다. 어떤 사람의 친척 앞에서 그를 언급할 때는 항상 조심하면서 존칭어를 덧붙여야 한다.

연설을 하도록 초청을 받았을 때, 동년배의 청중들에게 '선배님'이라고 말할 수 있다. '귀빈'은 고위 인사를 위해 쓰는 말이며 저명한 손님들을 가리킨다. '여러분'은 연설하는 집단에서 미국의 '신사 숙녀 여러분'처럼 사용된다. '귀빈 여러분'은 '특별 손님과 신사 숙녀 여러분'을 뜻하는데 공식 연설을 시작하는 적절한 방법이다. '젠틀맨 엔드 레이디스gentlemen and ladies'의 직역은 '신사 숙녀'인데 이것은 한국 사람에게는 생소하고 귀에 거슬린다. 숙녀란 전통적으로 겸손한 사교계에서는 대중 앞에서 언급하게 되어 있지 않다.

개인 이름에 대해 기억해야 할 기본적인 규칙은 다음과 같다. 가능한 한 그것들을 언급하지 마라. 그 대신 관계에 대한 정확한 용어를 사용하라. 언제나 상대방을 존경하고 자신을 낮춰라. 부모님을 제외하고 친척을 언급할 때는 다른 사람의 친척을 언급할 때보다 약간 더 낮춘 형식으로 하라.

사람들로 북적대는 동양에서 스트레스를 받으며 살 때, 이와 같이 예로부터 전해 내려오는 대인 관계에 대한 사고방식은 아주 가까이에서 살면서 느끼는 긴장감을 줄이는 데 도움이 될 것이다. 유행가의 가사에 "약간의 설탕이 물약을 쉽게 넘기게 한다."는 말이 있다.

9
사생활과 예의범절

사생활이란 한국에서 거의 지켜질 수 없는 사치다. 사람들은 그들 주변에 상상의 벽을 두르는 것을 배워 왔다. 어느 더운 날 교수를 찾은 학생은, 교수가 내복만 입고 발은 책상 위에 올려놓고 부채질을 하고 있는 것을 볼 것이다. 방문객은 헛기침을 하며 그가 온 것을 알린다. 그는 문을 두드리지 않는다. 그는 교수를 '보는 것'이 아니고 교수도 방문객을 '보는 것'이 아니다. 교수가 일어나 셔츠를 걸치고 윗옷을 입고 타이를 매고, 자신이 준비되면 드디어 그들은 서로 보게 되고 정식 인사를 시작한다. 마치 이렇게 휴식을 취하는 신사를, 보았던 것처럼 행동하는 것은 가장 사려 깊지 못할 것이다.

사생활을 갖기 위해서는 상상의 커튼 뒤로 물러나서 옷을 벗거나 해야 할 일을 하는데 상상력이 부족한 눈을 가진 서양인들은 이를 보게 된다. 일단 커튼이 어떤 사람에게 쳐지면 이러한 사생활의 장면을 침해하는 것은 무례한 일이다. 사려 깊은 기침이면 커튼 뒤에 있는 상대

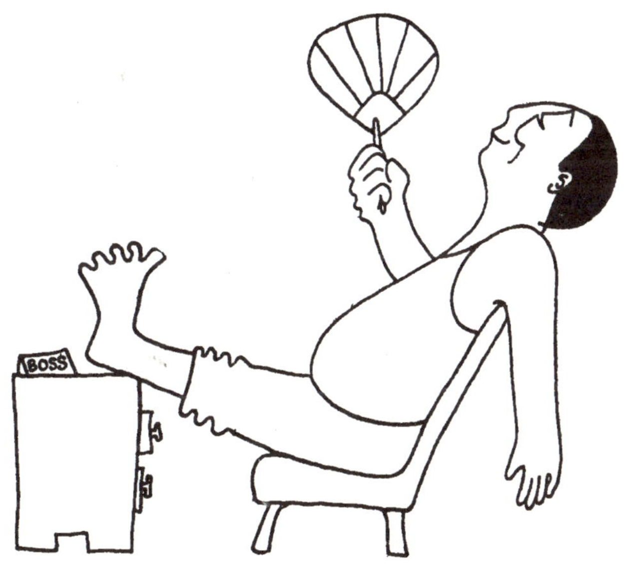
BOSS

방에게 방해가 임박했다는 것을 알리는 데 충분하다. 가끔 무더운 열차로 여행할 때 어떤 신사는 정장을 벗고 여름에 정장 안에 입는 속옷만 입는다. 그는 조심스럽게 옷을 걸어 놓고 여행하는 동안 느슨하고 편안하게 앉는다. 내리기 전에 옷을 다시 입고 데이지 꽃처럼 산뜻한 차림으로 차에서 내린다. 서양 여행자는 온종일 차 안에서 불편한 옷을 입고 초조해 하다가 옷은 구겨지고 성질은 엉망이 되어 지하철 러시아워의 희생자처럼 끌려 나온다.

비록 지금은 못하게 하고 있지만 어떤 남자들은 아직도 사람들이 다니는 길거리에서 용변을 본다. 그러나 여자들은 대중 앞에서는 드러나지 않게 되어 있다. 그래서 어딘가 숨어서 용변을 본다. 공중변소는 남녀 공동이다. 어린이들은 언제 어디서나 마려우면 용변을 본다. 이런 행위는 십이지장충의 심각한 체내 침입을 유발한다.

젊은 여인들이 여러 사람 앞에서 아이에게 젖을 물리는 것은 허용되어 있다. 나이든 시골 부인이 들에서 일하면서 또는 더운 시골 길을 걸으면서 늙은 젖가슴을 내놓는 것은 보통이다. 결혼한 부인은 그녀의 가슴에 대해 고상한 느낌을 거의 갖지 않는다. 반면, 결혼하지 않은 여인은 목 밑의 어떤 부분도 노출하는 것을 고통스러워 할 만큼 정숙하다. 유행을 따르는 서구화된 서울 사람들은 최근 스타일의 드레스를 쉽게 받아들인다. 미군 주둔지 주변에 있는 몽고메리 워드^{Montgomery Ward} 백화점의 카탈로그는 '무스 유지 매뉴얼^{moose maintenance manual} ■이라

고 부르는데 길거리에 다니는 여성들의 유행 지침서이다. '무스^{moose}'
는 거리 여성들을 말하는 군대 속어이다.

한국 사람들의 방바닥에 대한 태도는 서양의 개념과 크게 다르다. 길이 질척질척하기 때문에 사람들은 집으로 들어가기 전에 언제나 신을 벗는다. 집 안에서 방바닥은 전통적으로 기름칠한 장판지로 되어 있으며 잘 닦아서 흠이 없이 깨끗하다. 어느 장소건 신을 신는 곳은 무의식중에도 바깥의 길거리로 생각한다. 현대 건물에서도 신발을 신는 곳은 길거리처럼 생각한다. 이 때문에 공중건물, 병원, 학교, 열차 그리고 버스 등에서 사람들은 무심코 바닥에 침을 뱉거나 쓰레기를 버린다.

서양인들이 구두를 신고 침대에 들어가는 것을 생각할 수 없는 것처럼, 한국인들은 앉고 자고 먹는, 장판이 깔린 방에 들어가기 전에 신을 벗는다. 가끔 서양인들의 집은 한국 손님들이 들어가기 전에 신을 벗을 것인지 아닌지로 망설이게 한다. 만일 그들이 구두를 신었으면 흔히 양탄자 위로 걸어 들어가는 것을 주저한다. 현대식 병원의 입원실에서 환자들은 그의 침대를 그들의 방으로 생각하고 깨끗이 한다. 그러나 바닥에는 쓰레기를 버리고 침을 뱉거나 그들의 아이들에게 거리낌 없이 오줌을 누게 하기도 한다.

공공기물을 깨끗이 하려는 대중의 배려는 별로 없다. 대부분의 공공장소는 현대식 청소 장비가 없어서, 하루에도 여러 번씩 물통으로 물을 뿌리는데 지저분한 것은 닦아낸다. 한 무리의 넝마주이들이 작은 고리버들로 만든 바구니를 등에 지고 손에는 긴 집게를 가지고 공중장소와 거리를 다니면서 종이나 쓰레기를 주워 고물상에 판다. 공공시설물을 훼손하는 행위는 흔히 있는 일인데 경제적인 이유 때문에 열차나, 공중전화, 화장실을 청결하게 하거나 적절하게 관리하는 것은 어렵다.

공공장소에서 다른 사람을 배려하는 것은 대부분의 한국인들에겐 새로운 사고이지만, 한국의 관광지들이 한국인들과 외국인들에게 더 나은 즐거움을 주기 위하여 잘 보존되고 유지되기를 진실로 바란다.

10

식사 예절

한국에서의 예절은 손님에게 평안하고 느긋하고 여유로운 느낌을 주도록 하는 데 기초하고 있고 자기 부정, 즉 자기를 낮추고 평범하게 하는 것을 요구한다. 일하는 사람의 태도는 주인을 대신해서 손님을 대하는 것이다. 식사 때 주인은 윗자리에서 가장 멀리 있는 가장 낮은 자리에 앉는다. 흔히 주인은 손님의 면전에서 먹지 않는다. 여주인은 시중드는 사람들이 집에 있다 하더라도 손님과 함께 먹지 않는 것이 보통이다. 그녀의 자리는 존경하는 손님에게 드릴 맛있는 음식들을 바쁘게 준비하고 부엌에서 준비하는 것을 총괄하기 위해 밖에 있어야 한다.

먹기 전에 주인은 이 모임의 취지를 말하고 손님에게 존경을 표시하는 공식 환영 인사를 한다. 그는 손님들이 참석함으로 자기 가정이 영

YAK
YAK
YAK
YAK
YAK YAK YAK

광이고 약소한 잔치에 귀중한 시간을 내주어서 감사하다고 말한다. 주인은 손님들에게 "차린 것은 없지만," 부디 배불리 많이 드시라고 말하는 것이 보통이다. 그러면 나이가 많은 손님이 자기 앞에 있는 그릇에 젓가락이나 수저를 댄다.

음식은 보통 작은 개인 상에 차려진다. 각 상마다 음식들을 담은 작은 음식 접시와 국그릇과 밥그릇이 있다. 사람들은 뜨거운 밥그릇의 뚜껑을 벗겨 상 밑의 바닥에 놓는다. 한국 음식은 붉은 고추로 양념이 많이 들어간 것이어서 한 입 크게 먹기 전에 조심스럽게 약간 먹어 보라고 권하고 싶다. 많은 사람들이 긴 상에서 대접받을 수도 있다. 모든 사람들은 바닥에 가부좌를 하고 앉는다. 식사 전 손을 닦기 위해 따뜻한 물수건이 주어진다.

젓가락이나 숟가락을 상 위에 놓는 것은 밥을 다 먹었다는 뜻이다. 그것들을 접시나 그릇 위에 놓는 것은 잠깐 쉰다는 뜻이다. 주인은 흔히 손님들이 식사를 다 마치기까지 젓가락을 계속 그의 손에 들고 있다. 손님은 잘 대접 받고 있는 것에 대한 감사의 표시로 활발히 후루룩 소리를 내고 국을 마시거나 입술로 입맛을 다신다.

손님은 접시를 비우지 않는다. 아무것도 남기지 않고 다 먹는다는 것은 아직도 배가 고프다는 뜻이며 음식을 충분히 준비하지 않았다는 의미가 되어 주인을 당혹하게 한다. 주인은 손님에게 더 먹으라고 계속 권하지만, 완강히 거절하는 것이 존중받는다. 손님은 남은 음식의 양 때문에 걱정할 필요가 없다. 그것은 다시 손을 봐서 상에 올리거나 가족이나 가정부가 먹으며, 혹은 남은 음식을 얻기 위해 정기적으로 돌아다니는 거지에게 준다.

음식을 먹은 후 하는 시원한 트림은 잘 먹고 즐겼다는 표시이다. 비록 이 사이에 낀 것들을 뽑아내는 동안 손으로 이쑤시개와 입을 가리기는 하지만, 이쑤시개를 사용하는 것이나 트림을 하는 것은 허용된 행동들이다.

한국 사람들은 먹을 때에 손으로 음식을 들어 올리는 것을 무례한 행동이라고 생각한다. 가능하다면 그들은 젓가락과 수저를 사용하고, 과일을 집을 때는 예를 들면 이쑤시개 같은 것을 사용한다. 한국 손님이 서양 집에서 비스킷이 놓인 접시를 대하게 되면 포크로 찍으려고 한다. 그들은 음식을 손가락으로 다루는 것을 망설인다. 어떤 한국인들은 음식을 먹을 때 손가락을 사용하는 가장 '야만적인 풍습'을 가진 인디언들보다 자기들이 얼마나 우월한지를 지적하는 것을 좋아한다.

사교적인 식사에서는 자신의 작은 종지에 간장을 부으려 하지 않고 누군가가 부어 줄 때까지 기다린다. 같은 방법으로 사람들은 간장을 자기 옆 사람에게 부어 줌으로 그를 섬기고 존경한다는 것을 보여준다. 이 습관은 차나 술을 따를 때도 적용된다. 남을 위해 부어 주지 자신을 위해 붓지 않는다.

사람으로서 할 수 있는 가장 실례가 되는 것은 먹으면서 너무 많이 이야기를 하는 것이다. 한국인이 외국인에게 적응해야 하는 가장 어려운 습관은 업무를 겸한 점심식사와 식사하면서 활발하게 대화하는 것이다. 대화는 먹는 일을 방해한다. 이것은 아마 순전히 한국 사람들이 『논어』에 나오는 말을 축자적으로 지나치게 해석한 데서 유래한 것 같다. 식사 중에 질문을 하고 사업적인 대화를 하는 것은 가장 신중하지 못한 일이다. 어떻게 사람이 다른 일을 생각하고 말하며 동시에 음식의 맛에 집중하면서 즐길 수가 있다는 말인가?

대화를 고집하는 서양인들은 사람의 위胃를 채우는 사적私的이고 은밀한 즐거움을 방해하는 것이다. 따라서 식탁에서의 대화는 한국인의 저녁식사 파티를 맥없이 하는 경향이 있다. 오직 서양 주인만이 광적이다. 식사가 끝나면 이야기하고, 노래하고, 제스처 게임을 한다.

식사가 끝나면 주인은 손님들이 함께 오락에 참여해 주기를 바란다. 적당히 사양한 뒤에도 오락을 하자는 요구에 응하지 않는 것은 큰 잘못이다. 서양인들은 독창을 하는 것이 자기의 장점이 아니라면 몇 가지 숨은 재주를 가져야 한다. 그는 조만간 손님들을 기쁘게 하도록 분명히 지명을 받을 것이다. 함께하는 오락에 기여하는 것을 거절하는 건 여러 사람에게 멋없다는 인상을 남기고, 모인 사람들의 '기분'을 망치게 한다.

모든 사람이 참여하고 나면 저녁 파티가 끝나는 게 보통인데, 사람들은 일찍 떠난다. 한국 가정이나 레스토랑에서 식사 후에 오래 머뭇거리는 것은 전통이 아니다. 예외는 '기생' 파티인데, 거기서는 술과 함께 여자와 춤이 제공되고 통행금지 시간이 다 되어서야 끝이 난다.

11
파티

한국 남자들이 섹스에 관심이 없는 것은 분명히 아니다. 그러나 남자들은 다른 남성들과 여행하고, 사교하고 함께 동반하기를 즐긴다. 그렇다고 그들이 동성연애자들은 아니다. 한 무리의 남자 친구들은 술집, 카바레 혹은 숙달된 여성들에 의해 환대받는 '기생'집에 간다. 이 여성들은 '기생'이건 술집 여종업원이건 스스럼없고 가장 자유분방하다. 식사를 할 때 그들은 손님 옆에 앉아서 요리 중에서 맛있는 것을 입에 넣어 주며 자기 짝을 마음대로 애무한다. 여성들과 혼전 및 혼외 관계를 갖는 것은 사회적으로 용납되는데 이 여인들은 그 대상이다.

그들의 업소에 자주 방문하지 않는 것은 한국의 신사다운 즐거움을 놓치는 것이라고 대부분의 한국 남자들은 생각한다. 정복征服하기 쉬운 이 지역을 두고 다른 곳으로 가는 것은 범죄 행위이며 어리석은 짓이다. 남자들은 말할 것도 없이 처녀와 결혼한다. 처녀성은 보통 신랑 측 여성들에 의해 결혼 전에 증명된다. 나이든 '기생'은 '기생'집의 주인이나 관리인으로 물러난다. 운이 좋은 '기생'은 부유한 고객의 '첩'이 될 수도 있다. 그러나 아주 가끔 이 여인들 중에 상당수의 사람들은 일단 자기들의 젊은 매력이 상실되어 새로 등장한 여인과 더 이상 경쟁할 수 없을 때 자살을 기도한다.

기생 파티나 다른 사회적 모임에서 손님끼리 친선과 우정의 징표로 술잔을 교환하는 것은 관습이다. 이것은 형식을 갖추어 행해진다. 한

사람이 그의 빈 술잔을 상대방을 시중드는 '기생'에게 건너면 그녀는 그곳에 막걸리를 따라 상대방에게 권한다. 잔을 비운 뒤 상대방이 술잔을 돌리면 잔이 채워지고, 적절한 인사와 우정의 말을 하고 마신다.

파티를 하는 동안 모든 사람이 자신의 잔을 다른 모든 사람에게 한두 번씩 돌린다. 이 관습은 박테리아에 대한 손님의 저항력을 시험하는 것이며 동시에 주량을 시험하는 것이기도 한다. 이런 방식으로 제공되는 우정을 거절하는 것은 파티의 전체 분위기를 망치는 일이다.

술을 마시지 못하는 사람에게는 콜라나 다른 청량음료를 컵에 채우는 것이 허용된다. 다른 사람의 잔을 마시는 것을 피할 길은 없는 것 같다. 이것은 세균을 의식하는 서양인들이 사내들과 함께 밤에 밖으로 나갈 때에는 치러야 할 대가이다.

저녁 코스 중 몇몇 친구들이 밤을 위해 기생을 불러 줄 수 있다. 이 관대한 행위를 거절할 수 있는 한 가지 용납되는 방법은 한시적으로 몸이 아프다고 말하는 것이다. 친구의 호의에 대해, "다음에 보자."라고 호의를 미루게 되는 것이다. 그런 사교 모임에서 "아니오."라고 딱 잡아떼는 것은 매우 나쁜 형태로 여겨지며 다른 사람을 발끈하게 한다. 화를 내지 않도록 완곡하고 애매한 방법으로 "아니오."라고 할 수 있어야 한다. 한국 사람들은 실제적으로 면전에서 결코 명백한 부정적 대답을 하지 않는다. 특히 친목 모임은 친구의 체면을 손상하지 않고 거기에 따라서 우정도 잃지 않으면서 수단껏 거절하는 능력을 특별히 시험한다.

많은 사업은 술자리에서 거래가 이루어진다. 사람들은 몇 잔 마시고 느슨해지면 체면을 버릴 수 있고 쉽게 사업 거래를 성사시키는 데 필요한 타협을 하게 된다. 술과 함께 좋은 유머를 즐기면서, 사람들은 냉정하고 맑은 정신으로는 거절하거나 한없이 옥신각신했을 제안에도 합의하게 된다.

사업 거래는 가능하면 개인의 사회적 기반 위에서 행해진다. 파티 다음 날 아침에, 합의를 했던 사람들이 계약을 확정하기 위해 거래자에게 나타날 것이다. 그는 자신의 생각을 바꾸려 하지만, 체면과 관련이 있다는 것을 알게 되면서 거래는 완료된다. '업무상 점심식사'보다는 '기생' 파티가 한국에서는 많은 사업을 종결하는 장소이다.

밖에 나가서 사람들과 친해지고 싶은 충동을 느끼는, 선의의 많은 서양인들은 한국 가정을 방문하고 싶어 한다. '부인을 만나게 하기 위해 저녁식사 때 집으로 초대하는 것'은 한국의 정상적인 관습이 아니다. 특별한 잔치, 예컨대 결혼, 장례식 그리고 회갑연 등은 가정사이고 보통 집에서 거행된다. 그러나 대부분의 접대는 집 밖의 레스토랑이나 '기생' 집에서 치러진다.

남자들 대부분은 다른 사람들과 거의 접촉하지 않는 부인을 외국인이나 낯선 사람에게 소개하는 것을 원치 않는다. 사회생활은 보통 전통적인 한국 체제상 부부 중심이 아니다. 만일 여자가 동석해야 한다면, '기생'집에 자주 가는데 거기에는 숙달된 접대전문가들이 있다. 외국에서 하는 것처럼 비공식적으로 우연히 집을 방문하는 것은 관습이 아니다. 식사를 위해서 실제로 친구 집에 초청되는 것은 매우 특별한 예우이다.

12

선물 문제

한국인들은 우리가 만날 수 있는 가장 우아하고 너그러운 민족에 속한다. 그들은 사려 깊고 동정심이 많으며, 어떤 사업 거래를 시작하기 전에는 모든 방법을 다 동원해서 사적인 관계를 가지려고 노력한다. 정부의 원조 프로그램이나 선교단체에서 일하는 외국인의 경우, 채용과 해고를 하고 기금을 배정하는 데 선물을 받는 것이 종종 미묘한 문제를 일으킨다. 한국인의 공통적인 태도는 친구 간에 문서를 주고 결재를 하는 것은 불신의 징조이며, 따라서 우정이 없는 것이 된다. 이것은 회계에 대해 세심한 부분까지 책임을 져야 하고 신용을 엄격하게 관리하면서 기금을 운용해야 하는 서양의 공공 봉사의 개념과 예리하게 대비된다. 한국인은 개인의 돈과 그가 관리하는 공적 자금을 분명하게 구분하지 못한다. 선물을 주고받는 것은 서비스를 제공한 데 대한 정상적인 운영의 대가로 생각한다.

이런 맥락에서 모든 선물은 대가를 기대한다. 목적 없이 비싼 선물을 주는 일은 드물다. 그 목적은 의무감을 만들어낼 수도 있고, 어떤 유익을 얻을 수도 있으며, 단순히 받는 사람이 주는 사람의 요구에 더 잘 응하게 하는 분위기를 만드는 것일 수도 있다. 선물을 받고 봐달라는 요구를 거절하는 것은 불성실한 것으로 여겨진다. 선물을 돌려주는 것 또한 모욕하는 것이다. 그러나 어떤 경우에는 선물을 돌려주는 것이 선물의 대가를 해줄 의사가 없으면서 받는 것보다 더 낫다.

선물을 받음으로 체면을 살려 주고 다시 그것을 바로 필요한 사람에게나 자선단체에 줌으로 미래의 의무에서 벗어날 수 있다. 이와 같이 선물이란 우정을 얻고 어떤 프로젝트를 뒷받침할 장기계획의 일환으로 주어질 수 있다. 그런 선물은 도움이 필요할 때 미래를 위한 투지 성격으로 고려될 수도 있다. 외국인들은 종종 자신이 빚을 졌다는 것을 느끼면서 어떠한 요구에도 응해야 하는 입장에 처하게 된다. 이것은 점잖은 협박일 수 있다. 누군가가 부탁이나 요청이라는 말을 쓸 때는 자신의 얼굴을 걸고 하는 일이다. 따라서 요청을 받아 주지 않는다는 것은 체면에 관한 것이 되어서 거절하기 매우 어려워질지도 모른다.

어떤 한국인들은 외국인의 호의에 지나치게 몰두하는 특별한 능력을 가지고 있어서 만일 기회가 주어지면 '바싹 다가가' 사적인 관계를 형성하는데 이것은 후에 어떤 불가능한, 또는 종종 불법적인 요구가 행해질 때 당혹하게 되고 다루기 어렵게 될 수도 있다. 지나치게 뒤얽히지 않고 가까운 친구가 되는 문제는 물질이나 호의가 영향력을 행사하는 책임 있는 관직에 있는 사람들에게는 골치 아픈 일이다. 많은 한국인들은 개인의 유익을 위해서 우정과 관계를 이용하길 기대한다. 그리고 그들이 주 수혜자인 한 이러한 방식에 어떠한 잘못도 없다고 생각한다. 만일 다른 한국인들이 이 점에서 유리한 위치에 있다면, 그들은 이 눈먼 외국인에 대하여 "아주 멍청해서 도둑 집단에게 자신을 넘겨준 사람"이라고 가장 신랄한 비난을 할지도 모른다.

한국인들의 관점에서 보면 인생에서 우위에 있거나 도움을 받을 사람에게 선물하는 것을 잊어버린다는 것은 지극히 어리석은 일이며, 체제에 대한 이해 부족이거나 반항할 만큼 강하다는 오만을 보여주는 것이다. 적어도 그런 행위들과 개인주의의 과시는 반사회적으로 여겨진다. '고관^{top}'은 잘 대접받아야 하고, 가능한 한 모르는 게 약이라는 태도와 게슴츠레한 눈을 가진 행복한 표정을 유지해야 한다. 그럴 때 사람들이 조직에서 안정을 찾고 승진을 하려 할 것이다. 다른 곳에서처럼 한국에서도, 사물은 외관상 보이는 것과 거의 같지 않다. 정부의 이런 관습은 고대나 현대나 한국 역사에 여러 번 중대한 결과를 초래했다. 그러나 그 조직은 아직도 완고하다. 한번 선물을 받으면 어떤 적절한 대체 선물이나 호의가 주어지지 않는 한 선물을 준 사람의 마음대로 움직여진다. 어떤 외국인들은 선물이 그들의 결정에 영향을 미친다는 것을 깨닫게 될 때 우쭐할 수가 없게 된다.

요구에 응답하는 이런 문제와 함께, 한국에서 "예."라고 하는 것은 단순히 "내가 들었습니다."라는 뜻이지, 합의하거나 따를 마음이 있다는 뜻이 아님을 기억하는 것은 도움이 된다. "아니오."라고 잘라 말하는 것은 무례한 짓으로 감정을 상하게 하는 좋지 못한 표현이다. 많은 한국인들은 종종 "예, 예."라고 서로에게, 또는 외국인에게 말한다. 그러고는 약속이나 협정을 파기한다는 생각을 전혀 하지 않고 즐겁게 정반대의 길로 간다. 만일 묻게 되면 그들은 감정을 해치게 하는 것을 피하고 당혹스럽게 하지 않기 위해 '예'라고 했어야 한다고 설명한다. 그러나 그들은 응낙했다고 생각한 적이 없다. 이 '예'와 '아니오'의 사용은 문자 그대로를 생각하는 서양인을 종종 좌절하게 한다. 그러나 어떤 한국인들은 서양인들이 이 언어놀이를 자신들에게 하면 격분한다.

　한국에서 언제 선물을 주고받는 것이 적절한가 하는 데 대한 몇 가지 메모는 다음과 같다: 식사 대접으로 집을 방문할 때 여주인을 위한 작은 선물은 언제나 적절하다. 누군가를 불편한 자리로 부를 때는 흰 종이로 포장한 작은 선물이 필요하다. 사후 조문을 위해 집을 방문할 때는 돈을 넣은 흰 봉투를 가져가는 것이 상례인데 보통 500원이나 1,000원을 넣는다. 봉투에는 기증자의 이름과 위로의 말을 쓴다.

　결혼식 때는 유사한 흰 봉투에 축하의 글을 쓰고 결혼식장 문에 있는 접수인에게 주는데 접수인의 업무는 결혼 선물을 모아서 기증자의 이름을 기록하고 선물의 액수를 장부에 적는 일이다. 현금을 누군가에게 전하는 것은 원초적인 짓이라고 생각하고 가끔 거절된다. 선물이나 팁은 언제나 받는 사람이 당황하지 않도록 흰 봉투에 넣는다.

　은행수표를 건네는 것도 불손한 짓이라고 생각한다. 왜냐하면 환전하기 위해 상당한 수고를 하러 가야 하기 때문이다. 선물은 준 사람이 있는 곳에서 열어서는 안 되는 것이 보통이다. 약소한 것 때문에 그가 당황해서는 안 되기 때문이다. 선물은 사적인 곳에서 열어야 한다.

　비록 한국에서 커미션 제도가 활발하고 기금이 관련된 모든 봉사사업에는 커미션이 요구되지만, 대중들은 제공된 서비스에 알맞은 커미션과 뇌물 사이에 깔끔하면서도 분별하기 어려운 선을 긋고 있다. 총액이 아주 작으면 선물인 것이 분명하지만 너무 크면 뇌물일 수 있다. 문제는 존재한다. 외국인들이여, 조심하라!

V

공적 관계

13
정부에 대한 전통적 태도

보통 한국인들은 전통적으로 정부를 귀찮은 존재로 바라보는 것을 아주 당연시한다. 정부는 대체로 지배자들의 이익을 위해 존재한다고 생각한다. 사람들은 정부나 이에 관계된 사람들을 사랑하는 것처럼 보이지 않는다. 국가에 대해서는 감상적인 충성심이 강한 반면, 권력을 잡은 행정부를 지지하는 데는 충성심이 거의 없는 것 같다.

어떻게 하면 정부의 압박으로부터 수난을 최소화할 것인지가 많은 사람들의 고민거리인 듯하다. 이 문제에 대한 전통적인 해법은 관리들을 행복하게 해주도록 노력하는 것이다. 호의를 위해 어떤 관리에게 접근하기 전에 조심스럽게 뒷조사를 하고 그의 약점을 알아본다. 만일 그 관리가 예쁜 여자를 좋아하는 것을 알면, 여인들을 준비한다. 만약 술이 그의 약점이면 그의 목마름을 풀어준다. 그가 욕심이 많으면 쌀이나 선물을 밤에 그의 집에 몰래 보낸다.

돈은 언제나 관료들을 매끄럽게 만드는 뛰어난 기름이다. 과거에 관리들은 아랫사람들로부터 무언가 받을 것을 기대했다. 왜냐하면 윗사람으로부터 받는 것은 언제나 부적절했기 때문이다. 반대로, 그가 성공하려면 그보다 높은 사람에게 주어야 했다. 사람은 마치 해바라기처럼, 웃는 얼굴을 항상 해를 향하게 해야 한다.

윗사람의 면전에서 우울하거나 불쾌한 감정을 보이는 것은 자신의 위치를 위태롭게 하는 것이다. 안 좋은 소식을 가지고 오는 사람은 높은 사람 앞에서 오래 살지 못한다는 옛말이 있다.

자기 밑에 있는 사람에게 얼마나 기대는가 하는 것은 주로 별 문제가 아니다. 왜냐하면 그들은 계속 위를 향해 미소를 지어야 하며, 자기보다 높은 사람을 보필했던 것처럼 차례가 되면 자기도 그렇게 받아야 하기 때문이다. 정부 조직의 이러한 기본 형태는 중국이 한국의 형님 노릇을 하던 이래로 많은 공공기관에서 통용되고 있다. 호의를 베풀거나 이권을 주는 자리에 있는 사람은 누구나 자신의 개인 수입의 대부분을 선물이나 커미션이 차지하는 것이 보통이다.

과거에 '고관'이 자기 밑에서 어떤 일이 일어나고 있는지 정말 알고 싶으면, 그 지역을 염탐하는 비밀요원을 보냈다. 이 요원들은 상관의 귀에 소곤거리면서 보고하고 동시에 개선책을 제안했다. 그들은 제거해야 할 사람에게 엄격한 책임을 물었다. 가끔 착오를 시정하는 것보

다는 비리의 책임을 묻는 것이 더 중요했다. 책임 소재가 분명해지면 다른 모든 사람들은 안도의 숨을 쉴 수 있었다.

일본인들은 요직에 있는 사람의 자료 일체를 보관하는 관습을 도입했다. 모든 비행은 비록 완전히 다른 이유라 할지라도 그의 배후를 알고 싶어 할 때를 위해 기록했다. 그런 경우가 생기면 이전 비행을 기록한 모든 자료들은 범인을 공평하게 다루기 위해서 입증 자료로 제시되었다.

비행을 저질렀을 때 용서를 비는 사람은 사죄의 편지인 '시말서'를 쓰고 다시는 잘못을 반복하지 않겠다는 약속을 해야 한다. 이 편지들이 수집되고 서류철을 충분히 채우면 이로 인하여 해당자는 초야에 묻히게 되었다. 누구든지 규칙을 어긴 것을 모면하기 위해서는 시말서 쓰는 것을 거절할 수 없었다. 그래서 관공서는 기소하기 전에 상당히 자제하는 것 같다.

윗사람에게 사적인 당혹감을 야기했던 것이 본심이 아닌 이상, 일반인들은 단 한 번의 잘못으로 급하게 해고하는 관리나 고용주에게 반항할 가능성이 있다. 만일 어떤 사람이 임의로 해고되었다고 생각하면, 해고하는 사람이 인내의 한계를 넘었으며, 범행자를 제거할 수밖에 없었다는 것을 증명하기 위해서 문서로 된 자료들을 챙기는 것이 필요하다. 체면과 관계된 행위 때문에 해고가 즉각 결정되었다면, 해고된 사람은 마지막 급여나 퇴직금을 받을 수 없다는 것이 흥미롭다. 반면에, 그가 소란을 피우지 않고 해고를 순순히 받아들이면서 물러나면, 그가 무슨 일을 했더라도 마지막 급여와 퇴직금 혜택을 받게 된다. 훔치는 짓은 누군가를 해고하는 정당한 이유로 고려되지 않는다.

뇌물을 주는 흔한 관행이 발전했다. 만일 '남몰래' 돈을 건네지 않으면, 비행 기록 일체가 신문에 보도될 수 있다. 사건이 일단 신문에 기사화되면, 경찰은 행동에 나서야 한다고 느끼는데 이것은 임무수행을 태만히 한다는 비난을 받지 않기 위함이다.

그렇기 때문에 기관이나 사업계에서 뜨거나 지는 관건은 종종 기자이다. 과거 몇몇 기자들은 그들이 기사화하지 않은 이야기로 인해 잘 살았다. 최근에 와서 '언론계'의 젊은 층에서는 이런 행위를 감시하기 위해 대단한 노력을 했다. 1961년의 군사혁명의 위대한 개혁 중 하나는 이승만 정권하에서 악명 높은 공갈 협박 자였던 많은 기자들의 기자증을 회수했던 것이다.

정부는 필연적인 귀찮은 존재로 여겨지는 반면, 동시에 국민의 책임 있는 아버지로 기대되기도 한다. 만일 재난이 일어나면, 어떤 관리는 비난을 책임질 준비를 해야 하고, 비록 그 사건과는 관계가 없다 할지라도 '도덕적 책임'을 지고 사표를 제출할 준비를 해야 한다. 화재나 열차 사고는 가끔 어떤 관리가 나와서 책임지기를 요구한다. 그래야 무엇인가가 이루어지고 있다는 공공양심을 만족시킬 수 있기 때문이다.

과거에 이런 일들은 고급관리들의 빈번한 교체를 가져왔다. 어떤 정치적 관리들의 이와 같은 미래에 대한 불안정성은, 어느 날 갑자기 사임할 수 있다는 것을 알고 관직에 있는 짧은 기간 동안 '재산'을 축적해야 한다는 유혹의 요소가 된다고 지적하기도 한다.

이런 일은 제2차 세계대전 전에 일본에서도 흔한 일이었다. 일본이

한국을 통치하던 시절에 의료선교사였던 고故 윌슨 박사Dr. Robert M. Wilson
는 순천 근처에 있는 한센병 환자촌을 이끌었던 분이었는데 한센병 사
역에 관심이 있던 일본 황제가 훈장과 상장을 주기 위해 부른 일이 있
었다. 그 상장은 환자촌 교회에 당당히 걸려 있었다.

어느 날 불만을 품은 환자들이 교회를 불태웠다. 지방 관리가 윌슨
박사를 찾아와서 황제의 상장이 타버렸기 때문에 이 환자촌의 책임 있
는 관리자가 자결해야 한다고 말했다. 지방 관리가 느꼈던 그런 치욕
을 느끼지 못한 윌슨 박사는 사표를 내고 환자촌을 불명예스럽게 떠나
도록 강요를 받았는데 이 사건으로 재판을 받으려고 감옥에서 기다리
던 죄수 중 한 사람이 자살을 하게 되었다. 이 사건은 도쿄로 보고되어
해결되었다. 윌슨 박사는 권위를 가지고 그의 사역을 계속할 수 있
었다.

한국인은 실수에 대해 일본 사람보다 자살을 덜 하는 편이다. 그러
나 그들은 상황을 정상화하기 위해 모든 바람직스럽지 못한 사건에는
사표를 내야 한다고 생각하고 있다. 희생양이 있어야 한다는 것이다.

정부는 때로 복종하거나 실행하기 어렵다고 알려진, 아주 터무니없
는 결정을 갑자기 한다. 이 새롭고 어려운 문제에 너무 빨리 달려드는
사람에게는 화가 있을 것이다! 며칠 지나면 이 광적인 칙령은 조심스
럽게 잊혀지고, 일시적인 기분으로 인해 '생각 없는' 형태의 명령을 내
린 상관의 체면은 조금도 손상됨이 없이 지나간다.

어려운 결정은 강요되거나 실제로 마지막까지 행해지는 일이 거의
없다. 현명한 사람은 명령자의 화가 가라앉기까지 '삼 일 정도만' 엎드

려 있으면 살아남는다는 것을 배웠다. 과거에는 경험이 없는 관리들이 그 결정을 강행할 방법이 있는지 결정하기 위한 사전 계획이나 자문 또는 적절한 평가 없이 마구 명령을 했다. 자유분방한 상관에 의해 세상에 선포된 아주 열정적인 결정을 '죽이는' 것은 흔히 정부 관리들 중 낮은 계급에 있는 사람들에 의해서 행해진다. 장관이나 국장들에 의해서 만들어진 많은 결정들은 결코 열매를 맺지 못하는데 그 이유는 조용히 서류를 정리하고 모든 일거리를 잊어버리는 방법을 배운 아랫선에 있는 냉철한 두뇌들 때문이다. 이와 같이 관료주의는 한국에서 정치와 정부에 영향을 미치고 있다.

때로 그것은 행정을 둔화시키는 데 영향을 주기도 한다. 정부를 통해 어떤 재가를 얻으려는 시민 개개인은 사다리꼴의 가장 낮은 데서부터 먼저 접근하는 것이 지혜롭다. 그리고 고통스러운 발걸음으로 관료 사회의 계단을 한 계단씩 밟아 올라간다. 어느 부처에서나 제일 꼭대기 관리까지 올라가기 전에 각 단계마다 결재가 필요하다. "관인官印 하나에 식사 한 끼"라는 말이 있다. 모든 서류와 결정은 한 계단 위의 각 관리의 관인이나 서명하는 도장이 찍혀야 한다. 수입 상품이 세관을 통과할 때까지 32개의 관인이 필요하다. 상부까지 올라가기 위해서 비록 그 부처장의 강력한 구두승인이 있었다 할지라도 가끔 첫 번째에서 계획이 실패할 운명일 수 있다. 가장 낮은 계급에 있는 사람들의 기분이 누그러질 때까지 결재서류는 실종된다. 사람들은 자신에게 유리한 결정을 만들기 위하여 양편을 적절히 활용하는 방식을 배운다.

미국식으로 급히 뛰어들어 최고위층 사람을 만나는 것은 가끔 좌절

OK

로 끝날 수가 있다. 상부에서는 거의 언제나 어떤 제안에 대해 열정적인 동의를 얻을 수 있으나 그 다음에는 기다리기 시작하고, 하급 관리가 타협하기 전까지는 아무 일도 일어나지 않는 것이 보통이다. 부서의 강자를 알고 또 어떤 빠른 결과를 원한다면, 그의 협력과 지지를 견고히 하는 것은 언제나 도움이 된다. 그러나 서열에 있는 관리들을 건너뛰는 것은 위험에 맞서는 일이다. 그는 권리를 침해당할 수 있고, 다음번 당신의 성공을 막기 위해 여러 수단들을 사용할 수 있다.

이 규칙에 대한 예외는 우두머리와 개인적 친구나 친척이 되는 경우다. 어려움을 야기하는 하위직 관리에 대한 나쁜 소문이 사적인 통로를 통해서 우두머리의 귀에 들어가지 않는 한 이 좋은 상황은 지속된다. 사적이고 개인적인 통로가 교범에 있는 규칙대로 순수하게 하는 것보다 훨씬 더 효과적이고 강력하다.

관리가 규칙을 인용해서 "아니오."라고 말하면, 그는 사무적 의무를 다한 것이다. 그러면 사람은 그 법을 빠져나갈 수 있는 길을 찾기 위해 협상을 시작한다. 법은 많은 경우, 강력한 '빽back' 즉 강력한 연결고리가 없는 사람들에게 좀 더 강요되는 경향이 종종 있다. 강력한 '빽'을 가진 사람은 대부분 이 법을 넘어서 살 수 있다.

전통적으로 정부가 정의롭다고 확신하는 시민들은 거의 없다. 사람들은 부패를 기대하는 경향이 있고 그것과 함께 살아가는 것을 배운다. 법원에는 배심제도가 없으며 열두 명의 배심원에 의해서 판결되지도 않는다. 재판장은 검사와 변호사의 기소와 변호를 들은 뒤 판결한다. 정부는 언제나 그 결정을 비밀에 부치고 시민들에 의해 재심리를 받을 필요도 없다. 시민들은 법원의 판결이 가장 강력한 경쟁자 편으로 간다는 것을 느낀다. 법원이 공평하다는 느낌은 거의 없다.

이래서 정부의 결정을 집단시위로 항의하는 일이 늘어났다. 사실 이것은 그들이 잘못되었다고 생각하는 것에 대해 행동으로 항의하지 않으면 안 될 때에 유일하게 의지하는 수단이 되었다. 지금까지는 정치적 야당이 행정부를 전복하기 위해 때때로 학생들의 데모에 동참했다.

'데모'라는 말은 시위를 뜻하는 한국말이다. 학생들과 다른 집단의 긴밀한 조직 때문에 전국적인 데모가 서울에 있는 몇몇 학생 지도자들의 뜻에 따라 일어날 수 있다. 사람들은 자기 맘대로 하는 정부 때문에 말없이 수난을 당하다가 드디어 데모가 일어나면 억제하고 있던 모든 감정과 좌절을 홍수처럼 쏟아내는데, 한때는 정부를 전복했다.

많은 사람들은 정부 관리들이 일반 시민과 그들의 의견을 고려하지 않고 자기들끼리 일을 조작하고 있다는 느낌을 표현한다. 정부는 여러 차례 거리에 여론함을 두어서 이를 반영했다. 몇몇 정부 관리들은 일반 시민을 멸시하고 그들의 문제에 관심을 거의 보이지 않는 태도를 취하는 것 같다.

아직도 '각하에 대한 충성스런 반대'라는 영국식 개념은 발전되어야 한다. 기회가 오기만 하면 언제든 수단과 방법을 가리지 않고 힘으로 행정부를 전복하기 위해서 종종 반대 의견이 표출된다. 야당은 이처럼 힘으로 행정부를 정복하려는 경향이 있다. 이 때문에 양당 사이의 협상과 협력은 때로, 불가능하다고 할 수는 없으나 어려움을 겪고 있다.

비밀은 행정부의 의무사항이고 감시는 '반공'이라는 이름으로 일반 시민에게 행해지고 있다. 그래서 한국은, 흔히 국민들이 근본적으로 서로를 그리고 정부를 신임하지 않는 나라이다. 이 불안정과 대중의 불신이 현대화와 경제 발전의 중요한 저해 요인의 하나가 되어 왔다. 시민들을 신뢰하고 그들이 정부를 신뢰하는 것에 의존하는 서양식 민주주의는 아직 한국에서는 이해되거나 실천되지 않고 있다.

젊은이들의 궁극적인 성공은 외교관이 되는 것이다. 외교관은 참 한국인으로 남아 있으면서 한국으로부터 '도피'하는 것이다. 지금까지 군인의 삶은 유교문화에서 사회의 낮은 계급으로 거의 존경을 받지 못하였다.

조직사회에서 더 고위직에 오르면 더 적은 시간의 일을 하게 되어 있다. 모든 사무직원은 그의 우두머리가 떠나기 전까지 시간이 늦은 것과는 상관없이 그들의 책상을 지키고 있어야 한다.

사람들은 흔히 그의 성공을 그가 존경해야 할 사람 수와 그가 존경을 받아야 할 사람 수로 측정한다. 성공이란 윗사람의 수를 줄이고 수직 관계에서 밑바닥 인생의 수를 늘리는 뛰어난 기술이다.

구츨라프Gutzlaff는 그가 1832년 한국을 방문했을 때 전통적인 관리의 행동을 정확하게 기술했다.■ 한국 관리가 면담하러 오기까지 방문자는 일주일을 기다렸다. 그 위대한 사람은 네 사람의 가마꾼이 매고 온

■ Carles Gutzlaff, "Jornal of Three Voyages Along the Coast of China," 1834, pp. 316-356. 여기에서 구츨라프는 한국 방문을 묘사한다.

126

가마에 타고 드디어 도착했다. 그 관리는 먼저 호기심으로 그를 둘러 싸고 있는 군중 속의 두 젊은이를 붙잡아서 모든 사람들이 자신이 위대한 관리인 것을 알게 하려고 대중들 앞에서 그들을 치도록 수행원들에게 명령했다. 그들을 때리고 나서 면담이 이루어졌다. 물론 구츨라프가 기술한 것 같은 행위는 더 이상 일어나지 않는다 할지라도 일반적인 정신 태도는 이와 같이 계속되고 있다. 미국의 정치인들 사이에서 행해지는 것처럼 거리에 나가서 어린애들의 입을 맞추고 거리의 대중들과 손을 힘 있게 흔드는 일은 거의 볼 수 없다.

14

지방에 대한 태도

중국 황제 시대에 북경이 우주의 중심으로 생각되었던 것처럼 현대 한국은 수도 서울을 정치, 사회, 경제, 교육과 문화 행사의 중심이라고 생각한다. 가치 있는 모든 것은 서울에서 나왔으며 서울 밖의 모든 것은 좋아봤자 순서상 둘째였다. 서울 외곽의 복지와 발전은 많은 관리들의 생각이나 계획에 있어서 우선순위가 비교적 낮다.

이러한 중앙집권은 중요한 결정은 지방행정부에서 만들어질 수 없으므로 누구나 정부에 업무가 있으면 서울을 자주 왕래해야 한다는 것을 의미한다. 사람들은 할 수만 있으면 서울에 집을 두고 그들의 자녀들이 거기서 학교를 다니도록 하는데, 서울 사람으로 자라서 사투리의 오명을 피하기를 희망한다. 사투리는 졸업 후 좋은 직장을 보장받는데 장애가 될 수도 있다.

한국인들은 세 개의 낙원을 믿는다고 알려져 있는데 서울과 미국과 내세이다. 그런데 많은 사람들은 천당에 대해서는 거의 관심이 없고 생각하지 않는 것 같다.

약 1백 년 전 유명한 유학자 이 퇴계 선생이 여행하면서 여러 지방에 사는 사람들의 특별한 성격에 대해 썼다. 그가 언급하는 특징들은 지금도 많은 사람들이 각 지방 사람들에 대한 변함없는 선입견으로 가지고 있다. 각각의 특징은 많은 사람들이 아직도 팔도八道에 적용하는 칭찬과 비난으로 해석되고 있다. 거기에는 또한 각 도道와 거기에서 온 사람들을 묘사하기 위해 사용되는 대중들의 통속적인 표현들이 있다.

어떤 지방에 대한 선입견은 너무 심하여 서울에 있는 학생들은 가끔 지방색을 피하기 위해서 자신들의 고향을 숨기고 서울 습관, 서울 말씨, 서울 예절을 흉내 내기도 한다. 문제가 생기면 이 옛 선입견은 가끔 그 결정을 정당화하기 위해서 되살아난다. 섬사람들은 전체적으로 육지 사람보다 열등하다고 여긴다.

경기도 사람들은 거울 속의 미인이라는 뜻으로 '경중미인鏡中美人' 이며, 통속어로는 '깍쟁이' 라고 한다.

충청도 사람들은 깨끗한 바람과 밝은 달이라는 뜻으로 '청풍명월淸風明月' 이라 불리고, 대중적으로 알려지기는 '충청도 양반'이다.

전라도 사람들은 봄바람 앞의 가는 버들이라는 뜻으로 '풍전세류風前細柳' 로 비유되며, 흔히 지나간 발자국이 곧 사라지는 개펄 같다고 해

서 '개땅쇠'라고 한다. 이는 때로 발음이 같은 '개똥'이라는 말로 낮잡아 부르기도 한다. 전라도 출신을 또한 '하와이' 출신이라고도 하는데 이는 하와이가 섬이므로 열등하게 생각한 것이다.

경상도 사람들은 높은 산과 교만한 산봉우리라는 뜻을 가진 '태산교악泰山嶠嶽'에 비유되었다. 이를 해석하면 독립심과 자존감을 가졌다는 뜻이다. 그들에게 더 자주 쓰는 말은 '경상도 문둥이'인데 이것은 이 지역이 한센병자가 많은 곳이기 때문이다. (한센병 환자는 씨족적 경향이 있어 씨족 외 사람과는 거의 결혼하지 않는다.) 그들은 중국 사람처럼 화합이 잘 된다는 평판도 있다.

강원도 사람들은 바위 밑에 앉은 늙은 부처라는 뜻을 가진 '암하노불岩下老佛'에 비유되었는데 고정되어 움직일 수 없고, 생명이 없다는 뜻도 된다. 그들은 일반적으로 '감자바위'라고도 불리는데 이 지방에서는 벼가 거의 나지 않고, 감자를 먹는 것이 극심한 빈곤의 상징으로 여겨졌기 때문이다.

함경도 사람들은 개펄 속에서 싸우는 개라는 뜻을 가진 '이전투구泥田鬪狗'■로 불린다.

평안도 사람은 산림에서 나온 용감한 호랑이라는 뜻을 가진 '맹호출림猛虎出林'이라고 불렸는데 매우 건장하고 맹렬하며 공격적이라는 뜻이다.

황해도 사람들은 자갈밭에서 쟁기질하는 소라는 뜻을 가진 '석전경

■ 원문에는 '이전구투(泥田狗鬪)'로 되어 있음. - 옮긴이

우石田耕牛'라 불리는데 이는 느리고 부지런하며 고통을 받는다는 뜻이다. 또 일반적으로 '맹호猛虎'라고 불리기도 한다.

섬 지방인 제주도에서 온 여인들은 돌과 바람이라는 뜻으로 '석풍石風'이라고 불렀다. 제주도는 여자와 바람과 바위가 많은 '삼다도三多島'로 알려져 있다.

15
기념식의 중요성

기념식은 매우 중요하다. 행사는 우아하게 또 순서에 따라 진행되어야 한다. 행사는 이에 관계된 사람들의 상대적인 지위와 또 인상을 남겨야 할 사람들에 딱 들어맞지 않으면 안 된다. 엄격한 의전 관습, 언어 형태, 적절한 인사 그리고 겸양과 존경의 태도가 개인적인 감정과는 상관없이 잘 나타나야 한다. 기념행사를 적절하게 치르지 않는 것은 사회와 관습, 국가와 자신의 조상에 대한 모독이다. 빈번한 행사는 사람들에게 무엇인가를 이루었다는 인상을 주기 위해 필요하고 사람들은 이런 행사의 목적을 매우 존중한다. 종종 격식에 지나지 않은 행사를 치른 일도 비난받지 아니한다. 적절한 행사를 수행하는 데 사람들은 최선을 다하고 적어도 맡은 일의 반은 그것으로 한 것이다.

기념행사는 모든 모임의 시작을 위해서 그리고 과거를 기억하고 역사를 가르치며 대중에게 선전하기 위해 거행된다. 기념행사는 공산주

의 탈퇴자들, 결핵과 회충 퇴치 운동, 영웅적 전사자의 추모와 배 사고로 죽은 사람들을 위해서도 거행된다. 이런 문제들이나 이런 사람들에 대해 실제로 행해지는 행사가 사소하다 하더라도, 기념행사가 감명 깊게 행해지면 그것은 하나의 작은 계기가 된다. 정부는 적절한 슬로건과 현수막 그리고 개회식으로 관심과 염려를 보여주면서, 대중에게 문제를 알리고 그 중요성을 보여줌으로써 정부의 기능을 잘 수행하고 있다는 것을 느끼게 하는 것 같다. 이렇게 함으로써 정부는 자신의 임무에서 벗어난다. 문제 해결은 이차적인 것이다.

행사가 끝나면 하위직 공무원들과 기능인들은 세부사항과 씨름하는데 상부로부터 추가 지원을 기대하지 않으면서 해결하려 부심한다.

아주 우아한 행사에서는 나라에 기여한 사람들에게 감사장을 준다. 명예박사 학위는 방문한 고위직에게 '감사'의 표시로 수여된다. 이것은 과거의 도움을 위해서 또는 앞으로 이 기관과의 협력을 위해 수여될 수 있으며, 이런 일은 다른 나라에서도 흔히 있는 일이다. 몇몇 대학은 방문자들에게 학위를 남발한다는 평판을 받기도 하는데 어떤 사람들은 감명 깊은 학위증을 집으로 가져갈 수 있는 여행지의 거의 유일한 선물 정도로 생각한다. 한 저명한 미국의 고위직 관리가 수년 전 한국을 방문해서 훌륭한 학위를 받고 그것을 워싱턴에 있는 자기 사무실에 자랑스럽게 거꾸로 달아 놓았다. 그는 '박사'라고 표시한 한자의 위와 아래를 구별하지 못했던 것이다.

재치 있는 외국인들의 한 무리는 명예박사 학위만 주는 것을 유일한 기능으로 하고 있는 신비한 대학을 착안해냈다. 이 '대학'은 한국에서

궤변의 상징이 되었으며 제주도에 최근에 설립된 아약스 대학교^{Ajax} University로 알려졌다.

16
한국인의 자신감

대부분의 한국인들은 대단한 자신감을 지녔다고 할 수 있다. 거의 모든 한국인들은 벌어진 일을 통제하거나, 만 명에게 소리치거나, 일이 되어 가는 것에 조언하거나, 비포장도로 옆의 위험한 전압변환기를 과감하게 벗기거나, 동료들의 병에 대해 진단하고 처방하는 일에 거의 주저하지 않는다. 새로운 도구나 기계 또는 복잡한 현대기기를 대할 때, 보통 남자들은 그것의 한계를 시험하기 위해 대책 없이 덤빈다.

그는 가끔 무언가 소리가 날 때까지 한계를 넘어 실험한다. 다음에는 그것을 분해해서 내용을 탐사하며 조각을 맞춘다. 그 뒤로는 접착제와 고무 밴드와 짐짝을 묶는 철사로 최적의 효율을 유지할 수 있도록 만들어 놓는다.

다른 나라 같으면 풀이 우거진 폐차장에 있어야 할 차가 한국의 울퉁불퉁한 길을 달릴 수 있게 만들어 놓는데 원原 설계자가 생각할 수도 없는 짐을 싣고 달린다. 예를 들면 1950년에 북한군이 후퇴하면서 버리고 간 트럭이 16년 후에도 국가의 물품들을 나르고 있는 것이 그 증거다. 선반旋盤이 있는 더럽고 비좁은 곳에서 한 젊은이가 자동차를 수

리할 부품들을 만드는데 아주 작은 조각까지 정확하게 만들 수 있다. 그 수리를 받은 뒤 오래 갈 수 없지만 적어도 다음 도시까지는 겨우 갈 수 있다.

국가적인 문제에서도 지식인은 누구나 국가의 미래나 공공복지를 결정하는 데 있어서 자기도 다른 어떤 사람만큼은 할 수 있다는 자신감을 가지고 있다. 초등학교 선생은 대개 자신이 대학 교수의 자리를 채울 수 있다는 자신감을 가지고 있으며, 많은 젊은이들은 자기가 대사의 임무를 해낼 수 있다고 생각한다.

정계에 있는 사람들은 이 직업 저 직업을 뛰어다니고 의과대학을 갓 나온 젊은 의사는 매우 어렵고 복잡한 수술과정을 당황하지 않고 해낸다. 경험과 지식이 부족하다는 사실을 인정하는 것은 체면을 잃는 게 된다.

체면은 때로 인간의 생명을 위험하게 하는 것보다 더 중요하게 생각된다. 어떤 사람들은 옛 속담, 즉 "모든 것이 통하지 않으면 설명서를 읽으라."라는 말을 믿는 것 같다. 그런데 설명서들이 모두 애매한 한자나 영어 또는 일본어로 되어 있어 쉽게 이해할 수가 없기 때문에 그것들을 다 무시하는 경향이 있다.

다행스럽게도 다양한 분야에서 훈련된 사람들이 늘어남에 따라, 훈련을 받은 사람들이 훈련을 받지 않은 사람들보다 일을 더 잘 수행한다는 것을 깨닫기 시작했다. 그러나 손을 써서 하는 어떤 기술적인 일도 아직은 덜 존중받고 있다. 고도의 훈련을 받은 공학 기술자들은 가끔 뒤로 기대고 앉아서 미숙련공인 젊은이에게 자기 대신 일을 하게 한다. 허리를 굽혀 자기의 손가락을 더럽히는 것보다는 더 낮다고 생각하기 때문이다. 정치 영역에서는 종종 좋은 입심과 용기가 궤도에 진입하는 데 필요한 유일한 도구가 된다.

경제계에서 한국인은 손 큰 도박꾼이 되려는 경향이 있다. 그들은 최소한의 정보와 연구로 흥분할 모험을 시도하는데 그 모험이 실패하여 무일푼이 되었을 때 망연자실하는 것 같다. 대부분의 사람들은 호된 고생 끝에 영리하고 조심스럽게 되지만, 어떤 사람들은 설득력 있는 말에 쉽게 속는다. 사채는 위험하고 이자율은 월 10%인데 갚지 못하는 사람도 있다. 부인들은 빈번히 사적인 투자 모임인 '계'라는 것을 한다. 재산과 사업이 다른 사람에게 넘어가는 일은 종종 매우 빠르게 진행된다. 파산은 사회적 오명이 아니다.

실패와 사고의 가능성을 염려하는 사람들은 거의 없다. 예방하기 위해서 점검하는 것은 문화의 일부가 아닌 것 같고, 건강의 예방은 아직도 많은 사람들이 거의 생각하지 못하는 사고이다. 언제나 누군가가 약간의 위험을 모면하면 그는 거기에 모험이 거의 없었다고 생각하거나 자신의 기교와 현명함이 다른 사람은 실패할 때 자기를 성공하게 했다고 생각한다. 발을 헛디뎌 굴러 떨어질 때, 불상사를 예방하기 위한 그물장치나 대체 안전장치가 없는 것이 보통이다. 위험한 일의 실행은 사전 계획보다는 행운에 더 의존한다. 이러한 자기 확신 때문에 사람들은 온 세상을 자기 맘대로 하려고 공격적이고 정력적이게 된다.

17

범죄와 범죄자에 대한 태도

한국은 고도의 조직사회이다. 거지도 왕초에 의해 조직되어 있다. 한센병자도 조직되어 있고, 그 집단 안에서 자신들의 자치조직을 가지고 있다. 범죄자들 또한 패거리로 조직되어 있다. 서양인들은 종종 한국인들의 범죄자들에 대한 태도에서 차이를 발견하게 된다. 거기에는 영국식 관습법의 유산이란 있을 수 없다. 혐의자는 무죄로 판명되기 전에는 유죄다. 수사당국은 자백을 받아내서 누가 무죄이고, 누가 유죄인지 결정한다. 범죄자는 재판을 위해 검찰에 송치되고 판결을 받는다. 배심원제도는 없다.

경찰서의 구치소에 있는 범죄자나 피의자는 사회를 난처하게 한다. 그는 직급의 고하를 막론하고 '인간 이하'의 취급을 받는다. 그는 경찰의 심문을 받고 있는 동안 마루에 무릎을 꿇고 앉아서 고개를 숙이고 있어야 한다. 그는 경찰서에서 비록 낮은 계급의 소년에게도 존댓말을 해야 한다. 그는 자신을 취조하는 사람의 기분대로 발길질당하고 매를 맞으며, 고문을 당한다. 그는 '인간'으로 인정되는 권리를 잃는다.

고문은 과거에 피의자로부터 '진실'을 끌어내고 죄의 고백을 확보하기 위해 필요한 것으로 간주되었다. 경찰은 수감자를 고발하거나 증거 불충분으로 석방하기 전에 수사를 종결하고 고백을 확보할 책임이 있다.

고문의 일반적인 형태는 차는 것과 때리는 것이다. 더 별난 형태는

'물고문'인데, 일본 통치하에서 도입된 것이다. 수감자를 가죽 끈으로 탁자에 묶고 큰 물탱크에 연결된 고무호스를 코에 연결한다. 그가 고백하거나 거의 익사하게 되기까지 물을 코에 집어넣는다. 생식기에 전기충격을 주는 것은 현대판 고문이다.

옛날 조선시대에는 죄수들을 관棺 크기의 나무 상자 속에 넣어서 고백하지 않으면 굶어 죽거나 질식하게 했다. 옛날에는 죄수가 도망치는 것을 막기 위해 긴 나무 판에 목이 들어갈 수 있는 구멍이 뚫린 것들을 쌓아 놓고 사용했다. 혹독한 고문은 더 이상 일반인이 문제 삼지 않는다. 왜냐하면 물고문을 받은 적이 있는 어떤 사람이 말한 것처럼, "몇몇 한국인들은 얻어맞지 않으면 진실을 말하지 않기" 때문이다.

현대 형사법전이나 교도소 규정은 교도소에 수감된 죄수들에 대한 처우를 개선하기 위해 많은 것을 언급하고 있다. 그러나 선고받기 전의 죄수들을 아무리 거칠게 다룬다 할지라도 공공의 외침은 거의 없다.

만일 도둑이 밤에 집으로 침입하면 주인은 그를 해칠 권한이 없다. 주인은 사려 깊게 기침을 한다. 그러면 도둑은 자기가 거기에 있는 것을 주인이 안다는 것을 눈치 채고 물러난다. 도둑을 쏘는 것은 살인에 해당한다. 도둑은 대부분 주인을 대표하는 어린 하녀를 보더라도 집을 지키는 사람이 있으면 훔치지 않는다. 아무도 없이 집을 비워두는 것은 아무 때고 들어오라고 도둑을 청하는 격이다. 사람이 지킬 만한 관심이 없는 것을 소유하는 것은 마땅치 않다. 누군가가 버려두고 지키는 사람이 없으면, 도둑은 그걸 두고 간 주인을 배려하기보다는 자기가 그것을 더 필요로 하고 감사할 일이라고 생각한다. 도둑도 먹고 살

··AHEM··

아야 한다.

만약 도둑이 왔는데도 깨어나지 않으면 도둑은 그의 바지까지도 벗겨 갈 것이다. 지금 서울에서 누군가가 악당 깡패에게 고통을 당해 도와달라고 외치면 이웃 사람들로부터 거의 도움을 받지 못할 것이다. 그러나 누군가가 "불이야!" 하고 외치면 자기 집에 불이 나면 안 되므로 이웃 사람들이 도우려고 급하게 뛰어나올 것이다. 남의 어려운 일에 개입하고 싶지 않은 그런 생각들은 예를 들면 뉴욕 같은 서구의 대도시들에서도 똑같이 있는 일이다. 공동체 정신의 일반적인 결핍은 한국에 사는 많은 외국인들이 느끼는 태도이기도 하다.

육체적 싸움과 폭력적 범죄는 상대적으로 드물고 그런 것은 굉장한 것이라고 생각한다. 이것들은 일반적으로 사회에 대항하는 범죄라고 여겨지는데 사회가 폭력에 대해서 생각하는 것을 두려워하기 때문이다. 그런 범죄들은 엄격히 처벌하게 되어 있다. 공갈협박, 절도, 사문서 위조, 허위진술, 비윤리적 사업거래, 뇌물, 저울눈 속이기, 불순물 섞기, 부당이득 등은 모두 덜 심각한 일로 생각한다. 그러나 사람을 밀치거나 화가 나서 때린다든가 하는 것은 매우 심각한 일이다.

우연히 사람에게 상처를 주는 것도 고의로 상처를 주는 것과 거의 대등하게 심각한 일이다. 경찰은 가끔 폭행의 심각성을 희생자가 병원에서 치료를 받은 날짜로 판단한다. 치료 기간이 일주일을 넘으면 심각한 것이 된다. 사회는 사건의 시비에 상관없이 몸싸움에는 반대한다.

무기로 사람을 공격하는 것은 그 사용 목적이 무엇이든 간에 살인과 같은 범죄이다. 치명적인 사고에 관련된 자동차 운전수는 공공양심이 충족될 때까지 즉시 수감된다. 피해자의 부주의로 사고를 피할 수가 없었다 할지라도 고려되지 않는다. 상해를 입었다는 사실이 충분한 증거가 된다. 동기나 주변 상황은 차량사고에 있어서 이를 방어하는 데 아무런 도움이 되지 않는다.

반면에 만일 어떤 사람이 자연의 섭리를 방해하면서 자살이나 사고로부터 생명을 구했다면, 그는 그 사람의 미래를 책임져야 할지도 모른다. 만일 그가 간섭하지 않았다면, 그 사람은 망하고, 그것이 끝이 되었을지도 모른다. 만일 누가 병원에서 어떤 사람을 치료하고 생명을 구했다면, 어떤 환자는 그 의사와 병원이 그의 직업을 알선해 주고 그를 지원해 주어야 한다고 주장할 것이다.

누군가가 환자에게 치료를 위해 병원으로 가라고 강하게 권고하면, 환자나 그의 가족들은 흔히 권고한 사람이 병원비를 부담할 것이라고 생각한다. 치료를 받으라는 이런 압력이 없었다면, 환자는 치료를 받지 않았을 것이나 권고 때문에 그는 강제로 치료를 받았으므로, 그가 아닌 권고자가 무슨 일이 생기든 이에 책임을 져야 한다.

재난에 빠진 사람들을 구제하려는 영웅적인 시도는 흔치 않아서 이런 일이 생기면 신문에 대서특필하게 된다. 단 한 가족의 의무를 감당하는 것도 너무 큰일이어서 많은 사람들은 그들이 추가적인 책임을 감당할 수 없다고 느낀다.

사실 한 가족의 책임이란 적지 않다. 인간의 고통에 아주 무관심한 것처럼 외부인에게 보이는 것은 가족 외의 문제들에 자신이 개입되는 것을 차단하기 위한 방책이다. 서구인들이 혼혈아나 기아들에게 가정을 찾아 주려고 노력하는 것은 어떤 이에게는 그들 자신의 감정을 편하게 하기 위해 과거의 죄를 회개하는 행위로 인식된다.

모든 사람에게는 드러난 면과 숨겨진 면이 있는 것 같다. 사람을 알기 위해서는 숨겨진 면을 알아야 한다. 드러난 면은 언제나 올바르고 대중에게 좋은 표정을 짓는다. 숨겨진 면은 그가 실제로 사업을 하는 데서 보여주는 매너이다. 모든 사람은 먹어야 하고, 먹을 권리가 있다. 만일 수입이 너무 적어서 삶에 필요한 기본도 되지 못한다면 정당하지 못한 금전출납, 뇌물수수 또는 이 기본적 필요를 충족하기 위한 절도 행위 등을 할 수 있다. 탐욕이 과도하게 될 때만 부패했고 도둑이라고 생각한다. 받아들일 만한 '삶을 위한 소득'인 것과 사기와 부패인 것에 대한 각 사회계층의 공감대는 그 범위가 넓다.

어떤 사람이 도둑질을 하여 기본적인 경제적 요구를 만족시키기만 할 때, 그를 도둑이라고 부르는 것은 불친절한 것으로 여겨지고, 삶의 현실에 대한 이해 부족을 보이는 것이 된다. 물건을 훔쳤다고 비난함으로 사람의 '기분'을 손상한다면 거의 모든 경우에 당신은 사회로부터 지탄을 받을 것이다. 외국인은 특별히 교활한 좀도둑의 봉이다. 어떤 한국인들은 이러한 외국인들의 불편함을 비밀리에 즐기고 있는 것처럼 보인다.

18
억압당할 때의 태도

많은 한국인들의 큰 미덕 중 하나는 어려움을 참아내는 능력이다. 한국은 살아남기 위해 참는 것을 배운 사람들의 땅이다. 만일 피할 수 없다면 그들은 핍박, 부패, 부정, 모욕과 육체적인 고문을 극기주의자의 냉정함으로 참아낸다. 그들은 살면서 언젠가 해방이 되고, '인간'으로서의 지위를 회복하여 가해자에 대해 보복할 것을 꿈꾼다.

억압을 당하고 있는 동안은 무엇을 하든 범죄로 생각하지 않는다. 그들은 살아남기 위해 그들에게 강요된 일을 한다. 일본강점기의 40년 동안 많은 한국인들은 일본인들과 협력했고, 어떤 사람들은 열렬한 친일분자처럼 도를 넘어서는 행동을 했다. 이와 똑같은 태도는 1950년도에 대부분의 한국이 공산치하에 들어갔을 때에도 몇몇 사람들에 의해 행해졌다. 많은 사람들은 그들이 하지 않으면 안 된다고 느끼는 대로 행동했다.

압력이 사라지면 어떤 사람들은 자신들의 잘못에 대한 공식적인 철회와 고백을 하고 다시 공동체 생활에 참여할 수 있었다. 침략자로부터의 고통을 참아낼 때 그들에게는 도덕성이 거의 없는 것처럼 보인다. 어떤 경우에는 도망자가 비겁하다고 여겨지는데 자신의 자리를 지키면서 고난을 이겨내지 못했기 때문이다. 가난한 사람에게는 도덕성을 따질 여유가 없다는 말도 있다. 또 이런 말도 있다. 사람이 한번 자신의 지위 즉 '형편'을 잃으면 못할 일이 없다.

강압을 받을 때 내적인 자제력을 상실하는 것은 한국인의 심리에만 특별히 있는 것이 아니며 다른 사회에서도 일어나고 있는 일이다. 예를 들면 최근 미군 윤리규정은 포로가 되어 강압하에 있을 때의 행동 기준을 설정하고 있다. 그러나 한국 문화에는 추상적인 원리로 누군가를 구속하는 윤리나 종교적 교훈이 없다. 인간이 생존하기 위해서 해야 하는 어떠한 일도 일반적으로 옳다.

19
사업을 하는 태도

사람들이 오직 살아야겠다는 엄청난 압력하에 있고, 경쟁은 항상 극심하고 흔히 불공평하며, 전리품은 약삭빠르고 강한 자에게 가는 그런 사회에서는 많은 사업 행위가, 서양에서는 존재하지 않는 요소에 의해 결정된다. 한국에서는 무엇을 아느냐보다 누구를 아느냐가 더 중요하다. 선택권이 충분히 주어지지 않은 나라에서 인생의 좋은 기회를 갖기 위해서는 영향력과 권력이 있는 사람을 아는 것이 중요하다. 사업을 할 때, 자신의 필요를 챙겨 줄 수 있는 중요한 인물의 호의와 호평을 받기 위해서는 거의 모든 일을 할 것이다.

사업에서 아부는 종종 생활의 한 방식이다. 만약 적절한 아부가 없다면 사업거래는 필연적으로 정지되고 관리들은 돌처럼 차갑게 되며 거래자의 호소를 거부할 것이다. 어떤 사업이든 성공하려면 사전에 적절한 분위기를 조성하는 것이 중요하다. 주변부터 시작해서 점차 좁은 원 안의 주 사업으로 그 범위를 좁혀 나가야 한다. 어떤 미묘한 사업 속으로 바로 뛰어드는 것은 최고로 멍청한 짓이며 계획을 거의 실패하게 만들 것이다. 적절한 관계와 적절한 분위기를 조성하기 위해 관련된 인물들을 연구하는 데 많은 시간과 정성을 들여야 한다. 각각의 접촉은 원하는 계약을 성사시키기 위해서 해야 하는 예행연습이자 중요한 부분이다.

성급함은 큰 죄이다. 신사는 느긋함과 권위, 신중한 동작, 유행과 반대자들이 놓은 덫을 알아채는 민감한 안테나를 가지고 움직인다. '눈치' 혹은 상대방을 그의 눈으로 재는 것은 하나의 예술이다. 모험에서 성공하려면 미묘한 차이에 반응하는 초능력이 종종 필요하다. 두 사람 사이에서 이 탐색전은 미묘한 움직임과 책략이라는 독특한 춤이라 할 수 있다. 분위기가 좋지 않거나 시기가 불안할 때에는 구상하고 있는 사업을 드러내기보다 언급하지 않고 미루는 것이 더 낫다. 외교술은 한국의 거의 모든 사업에서 자연스럽게 유전되고 있는 예술이다.

과거에 경제 발전을 더디게 한 사업 태도 중 하나는 현재만을 위한 삶에 역점을 두었던 것이다. 물건을 제조하는 사람은 때로 최종 사용자를 생각하지 않는다. 많은 공장에서는 품질관리가 되고 있지 않다. 어떤 한국 사업가는 이렇게 말했다. 즉 그의 공장에서 한국산 부품을 사고 싶었지만 부주의하게 만들어지기 때문에 살 수가 없었다는 것이다. 그리하여 초기 단가의 두 배가 되더라도 일제나 미제 부품을 사용하게 된다는 것이다.

어떤 대형 산업체, 특히 직물산업은 질이 좋다는 세계적인 평판을 받으며 빨리 발전하고 있다. 세계시장에 수출하라는 압력은 다행히도 많은 한국 제품의 질적인 향상을 가져오고 있다.

몇몇 한국인들이 좋아하는 경쟁 중 하나는 "누가 그 분야의 왕이 되느냐?" 하는 것이다. 누군가가 경쟁자들 위에 올라서는 것을 보는 것은 분명 고통스러운 일이다. 다른 사람을 높은 자리에 올려놓는다든가, 누군가를 도와서 사업이나 정치, 또는 다른 어떤 일에서 성공하도록 돕는 전통은 거의 없다. 무리 중에서 한 사람이 앞섰다고 보이는 순간, 경쟁자를 불신하거나, 배반하거나, 끌어내리는 협동작전이 있을 수 있다. 한국인은 더 나은 일을 하고자 하고, 더 유명해지고자 하며, 자신의 노력을 인정받고자 한다. 그러나 이것은 집단에서 덜 성공적인 자신의 실패를 강조하는 것이요, '기분'을 망치는 일이다. 이 반사회적인 행위 때문에 그 자신은 진창으로 빠질 수밖에 없다. 남보다 앞서 사다리를 올라가는 것보다 남의 바지를 벗기는 것이 쉽다는 말도 있다.

어떤 젊은이가 사업이나 정부기관에서 성공하려면, 그는 떠오르는 별에 자신의 행운을 걸어야 한다. 그는 맹목적으로 이 별을 따라가지 않으면 안 되고, 아무리 하찮은 것일지라도 그의 모든 명령을 따라야 하며, 없어서는 안 될 조력자가 되어야 한다.

결국 모든 것이 잘되면, 그는 후원자와 함께 상승한다. 충성은 개인에게 하는 것이다. 공공기관이나, 기업체, 정부기관에, 혹은 기업윤리나 정의, 민주주의, 평등, 정직과 같은 추상적인 이념에는 충성심이 없다. 그들은 가정, 스승, 영도자 그리고 후원자에게 충성함으로 살아남는다.

만일 사람이 음력으로 길월吉月, 길시吉時에 행운의 별 아래 태어나면, 그는 자신의 별과 함께 멀리 갈 수 있다. 만일 운명이 그의 편이 아니면 그의 미래는 오직 패배와 슬픔이 있을 뿐이다. 패배는 그의 실수가 아니며 다만 불행한 운명의 변덕 때문이다. 당신의 운명을 감정의 동요 없이 조용히 받아들이라. 그것은 불가피하다.

경제적인 성공의 대가로 가난한 친척들이 찾아오는데 그들은 집에 찾아와 먹고 도움받기를 청한다. 현명한 사람은 그의 재산을 숨기고, 보통 사람이나 가난한 사람으로 보이기 위해 큰 고통을 참는다. 부자로 보이면 거지를 부르고, 경찰을 부르며, 세관원들을 부르는 꼴이 되어 모든 물건을 살 때 두 배가 든다. 사람들에게 부자로 보이기 때문에 파멸을 가져올 수도 있다. 선물이나 뇌물을 받으려고 몰려든 사람들에게 모두 주면 웬만한 재산은 거덜 날 수 있다.

결혼식과 장례식은 때때로 부자들에게 큰 부담이 된다. 장지로 상여를 매고 가는 사람들은 다리가 땅에 붙어서 발을 떼기가 너무 무겁다고 노래한다. 오직 돈만이 그 무거운 짐을 옮기는 사람들의 발걸음을 가볍게 할 수 있다. 그런데 즉시 그들의 다리는 또 피곤해지기 시작한다. 그리고 더 많은 양의 돈과 술이 최종 장지로 관을 옮길 때까지 요구된다. 잘사는 사람에게 이것은 꽤 큰 부담이다.

결혼식에 오는 모든 하객들에게는 결혼 선물로 떡이나 수건을 준다. 모두에게 음식을 대접해야 한다. 도시에서는 초대된 많은 손님들이 결혼식장에서 주는 떡과 수건을 수집하기 위해 모여든다. 초청받은 손님들이 떠난 뒤에는 그 지역에 있는 거지들이 배를 채우기 위해 결혼식을 한 집으로 몰려온다.

한국 사업가에게, 서양인들은 모든 계약 항목들이 영원히 그대로 있을 것이라는 가정하에 계약을 체결하는 것처럼 보인다. 그들은 한국 사회가 계약 조건을 지킬 것이라고 생각하면서 도박을 한다. 한국에서는 서면으로 쓴 계약이 때로 별다른 가치가 없다. 그것은 단지 '문서계약文書契約'일 따름이다. 만일 계약 당시의 조건이 바뀌어도 그것을 지켜야 한다는 이해가 전혀 없다. 경제의 변동, 정치적 상황 또는 계약자의 개인적 이유들이 계약의 이행을 무효화할 수도 있다. 계약 위반을 한 이유가 없어도 그러하다. 만일 물가가 상승한다면 계약은 무효가 될지도 모른다. 때때로 계약을 이행해야 한다는 의무감이 거의 없다. 왜냐하면 조건은 거의 언제나 변하기 때문이다. 이것의 주요 원인은 사업 계획과 사업의 장기운영 계획이 결여되어 있기 때문이다. 때로 그들은 계약 당시 보여주었던 샘플과 동질의 제품을 생산해야 한다는 생각도 거의 하지 않는다. 그러나 이러한 상황은 더 많은 한국의 사업가들이 서양인들과 사업을 해 가면서 개선되고 있다.

융자금은 제때에 자동적으로 상환되지 않는다. 따라서 특히 사채업자의 경우는 이자율이 월 5-10%이다. 그 위험률은 높다. 만일 조건이 바뀌면 상환의 의무를 소홀히 한다. 운명이 일을 바꾸도록 개입한 것이다. 어떻게 단순한 개인이 책임을 져야 하는가? 사회나 정부가 인플레나 경제 조건의 널뛰기에 비난을 받아야 하지 않겠는가?

만일 어떤 사람이 대출을 보증받으려고 하면 그는 얼굴이 잘 알려진

Contract

차용자를 찾아야 한다. 만일 사람의 얼굴이 융자에 연관되고 그의 얼굴이 대출보다 더 가치가 있으면, 그는 그것을 갚을 것이다. 그러나 그의 얼굴이 알려져 있지 않으면, 차용자의 재산에 상관없이 대출은 안전하지 않을 수도 있다.

이 높은 이자율은 만일 사람이 기간 내에 돈을 갚지 못하면, 연체한 날짜만큼 아주 많은 돈이 이자로 추가된다는 것을 의미한다. 계약 시의 계약금 또한 건축계약의 착수금으로 쓰는 대신, 건축업자가 별도의 돈을 벌기 위해 그 돈을 남에게 빌려줄 수가 있다. 만일 이런 사적인 모험이 실패하면 나머지 일의 품질은 보장될 수 없는데 그 손실을 보상하기 위해 남은 예산을 사용하기 때문이다. 정부가 권장하고 있는 정기예금 대출은, 만일 이자가 복리로 계산된다면 37.2%까지 높아진다. 이 높은 이자율은 다른 나라에서 경마로 도박을 하는 많은 사람들에게 매력이 되고 있다. 만일 누군가 이 돈줄에 접근할 수 있는 위치를 확보한다면, 비록 짧은 기간이라 할지라도 예측한 대로 모든 것이 잘 되어 간다는 전제하에, 그는 자기의 재정 상황을 크게 높일 수 있을 것이다. 회사나 기관의 자금 유용은 한국에서 발전이 안 되거나 더디게 하는 주요 원인 중 하나이다.

자금에 대해 고용인을 믿지 못하는 것이 가족 중심의 회사를 만들고 있다. 왜냐하면 가족 간의 충성심이 한국인들을 묶는 가장 강한 끈이기 때문이다. 그들은 자기가 친척들을 통솔할 수 있다는 희망을 가지고 있으며, 만일 그 회사에서 자금을 유용한 경우가 생기면 밖에 알려지지 않게 가족 간의 비밀로 적당히 숨길 수 있다. 그래서 많은 회사들은 자기네 사람으로 회사를 꾸릴 수 없거나 자금을 통제할 수 없으면 마지못해 합작 투자의 형태로라도 자산을 공동 관리한다.

　은행 같은 기관에서 부정의 가능성을 없애기 위해, 예를 들면 금전 거래 시 최종적으로 돈이 나가기 전에 여러 명의 재가裁可를 얻을 것을 요구하고 있다. 수표를 돈으로 바꾸기 위해 창구의 비서, 과장, 부행장 등을 거쳐야 한다. 이것이 은행 업무를 달팽이 걸음처럼 느리게 하고 있다. 수표 한 장을 현금화하는 데 20분이 걸리기도 한다. 그러나 이러한 상황은 은행들이 고객을 경쟁적으로 맞이함으로써 개선되고 있다.

　많은 직책에서 급료는 실제 생활비를 훨씬 밑돈다. 왜냐하면 고용주나 정부는 저임금 고용인들이 그들의 생활을 비정상적인 방법으로 메우고 있다는 것을 인정하기 때문이다. 직원들의 빈번한 직책 회전이 은행이나 정부에서 이루어지고 있는데 이것은 직원들 사이에서 있을 수 있는 집단 결탁의 가능성을 줄이기 위해서다.

　비록 한국은 규정집들 속에 더 산업화한 나라들에서 본뜬 많은 표준 법령들과 사업 규정들이 있지만, 이 법들은 거의 집행되지 않고 있다. 왜냐하면 높은 실업률 때문이다. 많은 회사들은 십대 소녀들을 주 노동자원으로 쓰고 있는데 그들은 결혼 지참금이 쌓이기까지 기꺼이 저임금으로 일하려 한다. 그런 여성 노동력은 도로공사나 탄광 그리고 수출을 위한 편물 제조에도 쓰이고 있다. 노동 조건은 강도가 높지만, 안전 예방이 없고 직업 보장도 거의 되지 않는다. 노동조합은 존재하지만 약하고, 정부에 의해 조정되고 있는데, 그들의 요구에 훨씬 민감하다고 느끼는 외국 고용주에게만 주로 조합 활동을 하고 있다. 이 싼

노동임금 때문에 현재 한국은 세계시장에 수출을 증대시키고 있는데 중간 상인들이 대부분의 이익을 챙기고 있다. 군대가 젊은이들을 흡수하는 것처럼 이러한 저임금 착취공장은 어린 소녀들을 흡수하고 있다. 실제적인 문제는 군복무를 마친 자들이다. 그들은 하루에 30센트라는 비참한 노동환경에서 일하는 소녀들의 능력에도 미치지 못하고 있다. 달러를 벌어들이는 것이 국민경제의 목표이기 때문에 생산품이 수출될 수 있는 한 아무리 낮은 임금도 견디어야 한다.

VI

한약 – 고대의술

한국은 매우 오래되고 아주 새로운 땅이다. 젊은 과학자가 전자현미경을 조정하고 있는 바로 이웃 방에 적어도 3000년 전 중국에 뿌리를 둔 의료체계를 쓰고 있는 사람이 앉아 있다. 가장 최근에 쓰인 위대한 한약 교과서는 500년 전의 것이며 오늘날도 표준으로 사용되고 있다. 한국에 현대 의학이 소개되어 있고 9개의 의과대학이 있음에도 불구하고, 대부분의 환자들은 병에 걸리면 아직도 제일 먼저 한약사를 찾아간다. 그들은 한국에 들어온 지 80년밖에 되지 않은 서양 의학이 3천 년 동안 쌓아 온 전통 방식의 의술과 경쟁할 수 있느냐고 말한다.

한약은 전통적인 유교 개념에 가장 크게 의존한다. 그 처방은 경험 있는 한의사 개인의 기술과 직감에 의존한다. 집에 있는 환자를 옆에서 계속 돌보는 것은 환자와 그 가족들에게 큰 위안이 된다. 모든 노력은 증상이 바로 가라앉는 방향으로 행해진다. 치료는 종종 극적이고 환자와 친척들에게 경외케 하는 효과를 남긴다. 또한 모든 증상과 증세에 철학적인 설명도 한다.

병의 원인, 정확한 진단, 예방의학 혹은 장기적인 사후치료에는 관심이 별로 없다. 만일 환자가 어떤 증상을 보이면, 그가 좋아질 때까지 약이나 치료를 권장한다. 아무도 병에 관한 모든 것을 알 수 없다는 것은 분명하다. 그래서 환자는 자신의 특별한 상태의 치료법을 아는 사람을 운 좋게 만날 때까지 치료자를 수소문하고 다녀야 한다. 한국에는 2천만 명의 의사가 있다고 알려져 있다. 모든 사람은 병을 앓은 경험이 있다. 따라서 그는 진단할 자격이 있고 필요한 누구에게든 치료를 권장할 수 있다고 생각한다. 치료가 잘못되었을 때 법적인 책임에 대한 개념은 없다.

이것이 철학이다. 인생은 두 개의 상반되는 힘에 의해 통제된다. 즉 양과 음, 빛과 어두움, 남과 여, 선과 악이다. 이 힘들이 만일 잘 조화되면 서로 합하여 완전한 원 또는 전체를 이룬다. 의학에 있어서 이러한 합치가 곧 건강이다. 이 개념은 동심원 즉 태극太極으로 된 한국 국기에 아름답게 상징되어 있는데, 그것은 서로 맞물린 쉼표 형태로 되어 있다. 위쪽 쉼표 형태는 불같이 타는 붉은색으로 남성인 '양陽'이다. 아래쪽 쉼표 형태는 수용적인 청색으로 여성인 '음陰'이다.

남성은 '양'이고 여성은 '음'이다. 남자의 힘은 공격적이고 불같고 뜨겁고 메마르며, 산의 남쪽이다. 여자의 힘은 수동적이고 회귀적이고 부드럽고 습하고 물이 많으며, 산의 북쪽이다. 이 상반된 힘의 불균형이 병을 가져온다. 의사의 역할은 이 두 힘의 어느 한쪽을 억누르거나 자극해서 적절한 균형을 갖도록 도와주는 일이다. 그는 공격적인 힘을 쫓아내거나, 땀이 나게 하거나, 이뇨제나 흥분제 또는 진정제를 써서 대항하게 할 수 있다.

세상에서처럼 신체에서도 모든 것은 다섯 가지 기본 요소에서 도출되었다. 즉, 화火, 토土, 금金, 수水, 목木이다. 화火는 심장으로 마음의 자리이다. 즉, 심장은 해로부터, 하늘로부터 온 것으로 생명의 활력소이다. 피는 땅[土]에서 왔다. 금金은 황금이다. 즉 폐는 금인데, 생명의 귀한 호흡이다. 수水는 신장으로 숨에서 농축된 것이다. 목木은 간이다. 그것은 물에서 왔으며 마음의 아버지다. 그래서 심장[火]은 피[土]를 회복시키고, 피[土]는 폐[金]의 회복을 도우며, 폐[金]는 신장[水]을 도우며, 신장[水]은 간[木]의 회복을 도우며, 간[木]은 심장[火]에 연료를 제공한다. 순환은 완성되고, 각 요소나 기관은 다른 기관을 돕고 지지한다. 만약 병이 너무 많은 불[火] 때문이면 불을 줄이는 방법인 물[水] 또는 신장을 다스리는 약을 쓴다.

주요 기관인 오五 '장臟'에서 소기관인 육六 '부腑'가 나왔다. 소장은 심장에서 나왔다. 담낭은 간에서 나왔고, 위는 혈액에서, 대장은 폐에서, 방광은 신장에서, 그리고 비장과 부신은 심장에서 나왔다.

12경락 혹은 신경은 몸 표면에 있는 360개의 점에서 각종 장부로 기氣를 전달한다. 예를 들면 엄지에는 폐로 가는 기맥氣脈이 있으며 인지에는 대장, 중지에는 비장 그리고 약지에는 성 기관으로 가는 기맥이 있다. 그래서 약지에 끼는 결혼반지는 심지어 개화되지 않은 서양 사람의 성적인 충동을 다스린다. 한국인들은 이 약지에 반지를 끼지 않는 것이 보통이다.

소지에서 오는 신경은 중심부에 있는 심장과 바깥쪽에 있는 소장을 다스린다. 엄지발가락에는 두 개의 신경이 지나는데 하나는 등 뒷면의 아래 중앙 쪽으로 뻗었고, 다른 하나는 혈관의 중앙 쪽으로 나 있다. 둘째 발가락은 위胃에 연결되어 있으며, 셋째 발가락은 오직 엄지발가락에 연결되어 있다. 넷째 발가락은 비장脾臟에 연결되어 있으며, 새끼 발가락은 방광膀胱으로 간다. 한편, 발등의 경락점은 신장腎臟을 다스린다.

몸에는 두 개의 큰 혈관이 흐르고 있다. 하나는 치골궁恥骨宮에서 아래 입술로 가는 것인데, 이것은 여성 경락으로 '음陰' 기이다. 입술에서 두개골을 지나 등까지의 맥관脈管은 남성 경락 또는 '양陽' 기이다. 이 경락을 통해 자극을 주는 것이 양 또는 음에 주된 효과를 갖는다. 담배가루▪나 다른 것들로 만들어진 작은 심지에 불을 놓아 음이나 양을 보강하도록 이 기맥을 따라 연기가 나게 놓는다. 이 치료법을 뜸질이라 한다. 어느 현대 기독교인의 새로운 방법은 위가 아플 때 상복부에 있는 '음' 기맥을 따라 십자가 형태로 뜸을 뜨는 것이다.

길이가 3-6인치(7.5-15cm)이고 직경은 매우 가는 날카로운 은 바늘로 신체의 360개 되는 경락점에 침을 놓는데 이때 침을 우 혹은 좌로 돌림으로 '양'이나 '음'을 증가시키거나 감소시킨다. 예를 들면 침을 둘째 발가락 끝에 찌르고 오른쪽으로 돌리면 위의 경련은 '양이 증가

▪ 뜸을 뜨는 말린 쑥을 담배가루라 한 것임. - 옮긴이

함에 따라 줄어든다. 불행하게도 이런 치료는 어떤 합병증을 가져오기 쉽다. 소독되지 않은 바늘 때문에 뼈나 관절에 침입한 세균은 한국에서 많이 볼 수 있는 빈번한 골수염의 원인이 된다. 바늘로 큰 동맥이 찢기거나 동맥과 정맥이 잘못 연결되면 관상동정맥루冠狀動靜脈瘻가 되어 치료를 받지 않을 경우 결국 심장마비로 죽을 수도 있다.

신체 진료는 '맹孟', '문聞', '문問', '절折'이라는 4가지 방법에 의해 이루어진다. '맹'은 환자의 밖으로 드러난 안색을 살피는 것이다. '문'은 환자의 음색을 듣는 것이다. 다음 '문'은 환자에게 그의 병력과 증상을 묻는 것이다. '절'은 맥박이나 위를 진단하는 것이다. 이러한 모든 단계는 정확한 진단을 하기 위해서 행해져야 한다. 어느 유명한 한의사는 요즘 몇몇 한의사들이 엉터리로, 치료를 시작하기 전에 이와 같은 적절한 의식을 따르지 않는다고 개탄했다.

1800년 전에 중국의 장중경張仲景이 쓴 "상한론傷寒論"에는 급성발열성 질환의 진단과 치료 방법이 함께 기술되어 있다. 이 책에서 장중경은 질병의 여섯 단계, 즉 세 종류의 '양'과 세 종류의 '음'을 묘사하고 있다. 그는 또한 질병의 정상적인 또는 비정상적인 증상의 개요를 말하고, 정상적인 또는 비정상적인 증상에 대한 치료법 395가지를 열거하고 있다. 그는 또한 113가지의 치료를 위한 처방전을 기록하고 있는데, 나이, 성, 한 해의 절기, 병의 감염성에 영향을 주고 있는 날씨들과 치료의 반응을 강조한다. 그는 찬 기운 또는 '한寒'은 본질을 파괴하고 수축하는 한편, '열熱'은 '기' 혹은 에너지를 파괴하고 부기와 발열을 야기한다고 언급한다. '양'은 또한 질병에 대한 신체의 저항력을 말하며, ‘음’은 신체의 내부 또는 외부에 있는 파괴적인 힘을 가리킨다.

몸에는 질병의 세 영역이 있다. 유강장기有腔臟器, 신체의 표면 그리고 이 둘 사이가 그것이다. 어느 한 영역에서 일어난 질병은 밖으로 드러나거나 유강장기로 들어가서 거기서 창자나 쓸개 같은 곳을 통해 퍼진다. 발진은 질병이 피부를 통해 나타나려 한 것이라고 해석할 수 있다. 만약 약물 치료가 잘못되어 발진을 몸속으로 몰아넣으면 신장병이 생길 수 있다. 발진을 다스리려면 외부에서 열을 가하여 땀을 흘리게 해야 한다. 모든 상황에서 외부 치료와 함께 내부 치료가 병행되어야 한다. “상한론”에는 여러 가지 체형들이 질병에 대한 감염성과 함께 기술되어 있다.

혀는 진단에 필요한 매우 중요한 표지판이다. 혀의 증후를 8가지 형태로 기술하고 있다. 백태가 낀 혀는 너무 습하다는 뜻인데 뜨겁게 해서 열을 도출해야 한다. 노란 태의 혀가 만일 건조하면 이뇨제가 필요하다는 뜻이며, 만일 습하면 결코 이뇨제를 써서는 안 된다. 붉은 색 혀는 체액의 증가를 필요로 한 반면, 혀가 줄어들었으면 이는 중대한 예후를 말해 주는 것이다. 보라색 혀는 환자가 오염된 피로 고통을 받고 있다는 것을 보여준다.

맥박에 의한 진단은 매우 중요하다. 세 손가락을 손목에 있는 요골 동맥박 위에 놓되 요골 머리에 중지를 놓는다. 맥박은 세 손가락 따로따로 느낀다. 열일곱 종류의 맥박이 그들의 중요성과 필요에 따라 서술되어 있다. 즉 ‘부맥浮脈(떠 있는 맥박)’, ‘침맥沈脈(가라앉은 맥박)’, ‘상맥傷脈(급한 맥박)’, 침체해 있는 맥박, 불충분한 맥박, 다급한 맥박,

활시위 맥박, 넓은 맥박, 좁은 맥박, 온건한 맥박, 연약한 맥박, 간헐적 정규 맥박, 간헐적 부정 맥박 등이다. 이것들에 대한 여러 형태의 적절한 실례를 제시하고 있다. 간헐적 정규 맥박이라고도 하고 '태맥胎脈'이라고도 하는 것은 간헐적 부정 맥박보다 더 위험하고 심각한 예후 징조이다. 조선시대에는 어떤 의사도 왕비를 보거나 만질 수 없었다. 명주실을 왕비의 손목에 매고 보이지 않게 늘어뜨린 가리개를 사이에 둔 의원에게 명주실 끝이 주어졌다. 단지 실을 통해 왕비의 맥박을 느끼는 것으로 의원은 진단을 하고 진료 처방을 내리도록 요구받았다.

약 1500년 전에는 두개골에 구멍을 뚫는 뇌수술을 포함한 외과 수술이 행해졌다. 유명한 외과 의원이었던 화타華陀, Hwat'a■는 엄청난 두통으로 고통받고 있는 왕을 알현하도록 소환된 적이 있다. 화타는 뇌수술을 받아야 한다고 결정하고 황제에게 그렇게 진언했다. 황제는 이것이 자신에 대한 음해라고 생각하고 당장 화타를 처형하고 그의 모든 책과 기구를 태워버렸다. 이것이 한방 외과 수술의 끝이었다.

오늘날 한방의들의 외과 수술은 허용되고 있지 않다. 그러나 현대 의과대학 졸업생들에게 주어지는 것과 같은 정부 인증으로 약을 처방할 수 있다.

많은 야생 꽃, 뿌리와 열매들이 약의 조제에 사용되고 있다. 흔한 것 몇 개를 들면 다음과 같다.

■ 화타(?-208), 후한(後漢) 말기의 의원. 동봉(董奉), 장중경과 함께 건안삼신의(建安三神醫)로 알려졌음. 조조의 병을 간호하다가 자기 집으로 돌아가 아내가 병들었다고 궁으로 돌아가지 않자 조조의 노여움을 사서 옥에 갇혀 죽었다는 이야기도 있음. - 옮긴이

동백나무 열매는 마음을 가라앉게 하는 데 쓰인다.

붓꽃 뿌리는 정신박약에 쓰인다.

뱀딸기 잎은 월경불순을 정상화하는 데 쓰인다.

진달래꽃 뿌리는 늑막염에 쓰인다.

노랑원추리는 배변을 잘하게 한다.

블루베리는 감기와 열의 치료제이다.

칡을 끓여 마시면 '맥주 숙취'에 좋다.

국화 뿌리도 두통을 낫게 하는 데 쓰인다.

엉겅퀴 뿌리는 말라리아나 류머티즘에 쓰인다.

인삼은 열 또는 양陽을 증가시키는 데 필요한 모든 병에 만병통치약이다.

최근 지방신문의 광고에는 인삼이 "세계시장에 수출하는 유일한 한국산 약이다. 그것은 여러분의 필요를 채워줄 것인데 … 노쇠를 방지하고, 병 후 회복을 도우며, 허약한 사람에게 활력을 주고, 소화를 촉진하며 또한 이상적인 조혈제이다. 동양 최상의 만병통치약인 '삼양톤'은 이렇게 놀라운 고려인삼과 녹용 및 비타민 B와 기타 활성 요소들로 조제된 것이다. 이 약을 세계시장에 소개한 외무부의 친절한 도움으로 '삼양톤'은 이미 홍콩과 태국에 수출되었으며 동남아시아 국가에도 곧 수출될 예정이다."라고 했다.

정통 한약 외에 '민간요법'과, 병의 원인이라고 믿는 악신을 쫓아내는 여성 시술사들이 있다. 북을 치고, 향을 피우고, 신을 부르면서 이

점쟁이들 혹은 '무당'은 병자와 마주한다. 어떤 여성들은 특별한 상황에 전문화되어 있다. 예를 들면, 어떤 시술자는 여성의 질을 염산이나 양잿물로 지지는데 자궁 탈출이나 출산 후 출혈 때문이다. 이 치료는 흔히 질을 통해 방광이나 직장 또는 동시에 이 양쪽에 화상을 입게 해서 방광질 누출 또는 방광직장 누출 같은 구멍이 생기는 원인이 된다. 이런 상황을 바로잡는 것은 현대 부인과 수술의 주된 도전 중의 하나이다. 선교단체 병원에서 이런 종류로 비참하게 고통받는 사람을 한 해에 40명이나 보았다.

또 다른 치료 방법은 전염된 발이나 손을 죽은 돼지의 배 속에 삼 일간 넣어 놓는 것이다. 이 치료는 가스 괴저壞疽를 가져와서 환자의 생명을 살려내기 위해서는 사지의 절단을 해야 할 경우도 있다. 뱀고기와 개고기는 아주 좋은 정력제로 믿고 있으며 특히 보신을 위해서는 추천되고 있다.

돼지 똥물을 마시는 것은 심한 설사로 인한 장폐색臟閉塞을 치료하기 위해 사용된다. 그 결과는 흔히 치명적이다. 이 민간요법들은 공식적인 한약의 한 부분이 아니다. 그러나 마을의 면허 없는 시술사들로부터 전해지는 치료법의 하나이다.

한의약 대학은 현재 서울의 주요 대학교의 학과로 되어 있는데, 교육부에서 정규 한의과학과로 인정하고 있다. 한약은 한국 사회에서 존중받는 입지에 있고, 유교 철학을 의약에 적용하여 실현하고 있다. 어떤 전문의는 "우리는 구멍이 없는 바늘을 치료에 사용한다. 서방에 있는 당신들은 구멍이 있는 바늘을 사용하고 그를 통해 물질을 집어넣는

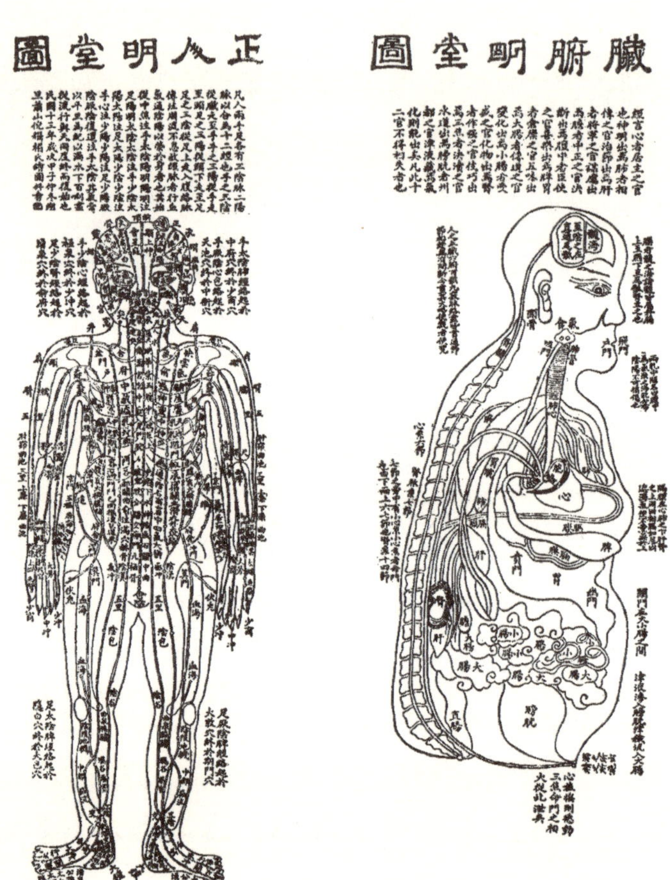

臟腑明堂圖
正人明堂圖
上海四馬路東華里鴻寶齋書局發行

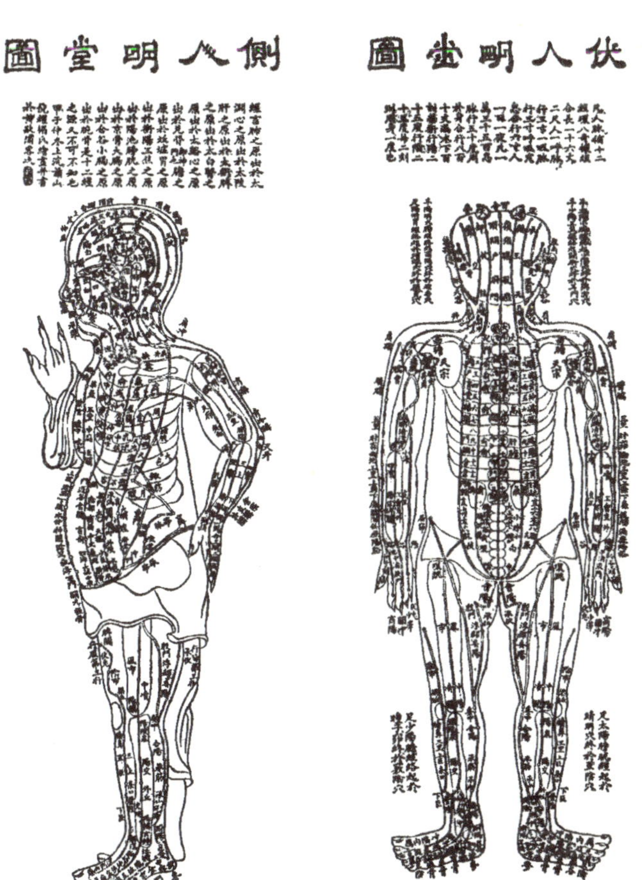
側人明堂圖
伏人明堂圖
上海四馬路東華里鴻寶齋書局纂

다. 이것이 두 분야의 주된 차이점이다. 아마도 구멍 있는 바늘이 더 진보적인 것이다. 그렇지만 나는 모르겠다."라고 한방과 서양 의학을 논평했다.

장애인에 대한 한국인의 몇 가지 태도는 서양인이 태도와 아주 다르다. 장애인들은 사람들의 눈을 피해 숨어 있으며 무엇인가를 할 수 있다고 기대되지 않는다. 장애인을 쓰는 고용주를 찾기란 아주 어렵다. 보통 사람들에게도 충분한 직업이 없기 때문에 장애인에게는 거의 기회가 없다. 학교는 신체장애가 있는 어린이들을 받아 주지 않는 것이 보통이다. 많은 장애아동들은 무시당하기 때문에 그 장애가 일단 영원하다고 판정이 되면 오래 살지 못한다.

한 예외는 맹인을 점쟁이나 안마사로 고용하는 것이다. 최근에 맹인 단체가 서울의 국회의사당 앞에서 침술요법사 자격의 인정을 취소하려는 법 변경에 항의하는 시위를 했다.

환자에게 불리하게 작용하는 또 하나의 태도는 그들이 집에서 죽고 싶다는 강한 집착이다. 환자가 큰 수술 후 또는 치료하는 도중 상황이 치명적이 되면 그 가족들은 환자를 급하게 집으로 데려가려고 하는데 그것은 환자가 집을 떠나 죽으면, 혼이 계속 떠돌면서 가족을 괴롭힌다고 믿기 때문이다. 만일 의사가 환자를 치료해야 한다고 주장하다가 죽으면 가족들은 매우 분통해 하는데 그가 죽어서가 아니라, 그가 집에 와서 죽지 않았기 때문이다. 가족들은 환자기 갑자기 예기치 않게 죽은 이유로 치료 중 의사의 어떤 실수가 있었기 때문이라는 사실을 증명하려고 애를 쓴다. 그러지 않았다면 의사가 가족에게 적절한 시간

168

에 경고해서 환자를 집으로 데려가 편안히 죽게 했으리라는 것이다. 한국에서 시체를 해부하도록 허락받는 것은 매우 어렵다.

이것은 계속적으로 치료를 받으면 생명을 구할 수도 있는 치명적인 환자에 대해 의사가 치료하기를 망설이게 만드는데 그 이유는 환자가 병원에서 죽을 때 가족들의 보복이 두렵기 때문이다. 가족들은 죽음의 원인이야 무엇이든 만일 환자가 죽으면 병원비를 내는 것을 종종 거부한다.

사람이 죽을 때, 친척들은 큰 소리로 통제할 수 없게 그리고 종종 폭력적으로 통곡을 시작한다. 그들은 거칠어지고 장소를 찢어발기려 하며, 이 치료에 연관된 모든 사람에게 독설을 퍼붓는다. 환자를 걱정하지도 않고 환자의 생명을 위해 혈액 기증을 거부한 친척도 환자가 죽으면 이 격렬한 비탄의 장면에 뛰어든다. 감정이 이렇게 분출되고 있는 동안 병원비 등을 협의할 기회는 없다. 그리고 병원에 있는 다른 환자들의 조용하고 편안한 분위기를 회복하기 위하여 그 가족들이 병원비를 협의하지 않고도 떠나가게 한다. 시체가 병원 마당을 일단 떠나면 병원비를 받는 것은 대개 불가능하다.

한국에는 세 종류의 의료시술사 체계 있다. 한의원, 민간요법 그리고 현대식 교육을 받은 의사이다. 네 번째 체계에는 약사들이 있는데 그들은 환자를 의사의 진단이나 처방전이 없이 진단하고 치료할 수 있다. 이는 많은 낭비와 희귀한 약품의 남용을 가져오고, 부적절한 치료의 경우에는 세균에 대한 약물 저항성을 가져온다. 심각한 병의 대부분은 잘못 치료했기 때문이다. 충수염은 맹장 파열로 농양이 생기기 전까지는 잘 나타나지 않는다. 치료가 불가능한 많은 경우는 가족들이 먼저 쓸데없는 민간요법을 쓰고 최후로 유능한 의사의 도움을 받으러 오기 때문이다. 한국인들은 계속 숱한 돈을 의료비로 지출하지만, 불행하게도 그들이 소비한 대부분은 아픈 사람에게 유익한 결과를 거의 가져다주지 않는다. 사람의 신체가 그렇게 잘못된 많은 치료를 견디어 낸다는 것은 놀라운 일이다.

많은 한국인들은 한방이 아닌 다른 의학을 옹호하거나 이에 반하는 말을 하는 것은 진정한 한국에 대항하는 짓이라고 생각한다. 한국인은 먼저 한약을 쓴다. 오직 그것이 실패하여 귀한 시간이 많이 흘렀을 때 즉 죽음에 이르러서야 현대 의학으로 치료한다.

한약에 대한 이러한 태도는 교육과 상관이 없는 것 같다. 미국 대학교의 졸업 학위를 가진 사람들이나 심지어 의학 전문의로 미국의사회의 전문의시험에 합격한 사람들이라 할지라도 한국에 돌아와서는 그들의 가족이 아프면 먼저 한약사를 계속 찾는다.

80년 동안 한국에서 시행되고 있는 현대 의술은 대부분의 사람들이 아직도 고대 한약에 대해 가지고 있는 강한 믿음을 흔들어 놓아야 한다.

VII

현대화된 한국인

20

오늘날의 한국인

상당히 영향력 있는 한국 젊은이들이 있는데 그들은 매우 '서구화'
되었거나 현대화된 사람들이다. 그들은 해외 유학을 하여 가장 앞선
몇몇 분야의 교육을 받았고, 다른 나라 사람들과 경쟁을 하였으며, 세
계적인 명문 대학들에서 학위를 받을 수 있었던 사람들이다. 이들은
두 개 혹은 세 개의 언어를 구사하고 거의 이중 국민성을 가진 사람들
이다. 그들은 진정 국제적인 인물들이다. 그들은 한국의 '온돌'로 된
집에서 편안함을 느끼거나, 초음속 제트 비행기를 타거나, 심장-폐 펌
프를 조정하거나 혹은 원자로를 감시한다. 그들이 일반적으로 선호하
는 것은 한국의 문화와 삶에 있어서 최고를 지향하는 것이다. 보통 그

들은 서양 음식보다는 한국 음식을 좋아하지만, 어느 음식도 쉽게 먹을 수 있다. 그들은 교육계와 전문기관, 행정부에서 책임 있는 자리를 차지하고 있다. 그리고 권력과 성취의 기쁨을 즐긴다.

이들 중 어떤 사람들은 이중인격직인 대도를 가지고 있다. 외국인과 함께 있을 때 그들은 태도나 언어, 예절 등에서 거의 완전히 서양인처럼 보일 수 있다. 그러나 한국인들만 모인 자리에서는 한국인으로 되돌아가 모든 전통적인 태도와 편견을 표현할 수 있고 동료들에게 가장 민족주의적인 태도를 드러낼 수 있다.

이렇게 두 세계에 살고 있는 사람들은, 압박이 가해질 때 그전 상태로 돌아가버린다. 일이 잘되어 가고 있을 때, 어떤 사람은 자기가 새롭게 받아들인 서구적인 태도와 기준을 따른다. 그러나 일이 어렵게 될 때, 그는 전통적인 한국인의 태도로 바뀐다.

현대화된 몇몇 한국인들의 특성 중 하나는 아마도 그들의 현대화가 고르지 않고 부분적이라는 것이다. 그들은 어떤 분야를 아주 잘 알고 있지만, 다른 분야는 완전히 모른다. 이것은 교육을 잘 받은 사람들이 수년 동안의 학교 교육과 전통 문화와의 접촉을 통해서 얻어야 하는 광범위한 기초를 가지고 있지 못하기 때문이다. 이로 인하여 문제가 생길 때 오해하기도 하고, 대화하다가 갑작스런 단절이 일어나기도 한다.

이 집단에 속한 많은 사람들은 그들이 성공적이며, 한국 내에만 국한되어 있지 않다는 것을 보여주기 위해서 해외로 자주 나갈 필요성을 느낀다. 그들은 호주머니 속에 여권과 출국 허가서를 갖고 있지 않을 때 갇혀 있다고 느낄 수 있다. 몇몇 사람들은 여러 국제회의에 참석하기 위해 선발되는 특권에 의존하기도 한다.

어떤 이들은 '전문적인' 한국인이 된다. 그들은 외국인들의 약점을 지적하는 데에는 신속하며 일반적으로 그들에 대해 우월감을 느끼는 경향이 있다. 그리하여 궁극적으로 한국적인 방식이 최고이고 한국 사람들은 세계에서 가장 영리한 민족이라는 그들의 전통적인 신념을 확고히 한다. 그들은 환경에 쉽게 적응할 수 있고, 어떤 이들은 그들의 개인적인 영달에 필요하다면 무슨 협상이든지 기꺼이 하려고 한다. 그들의 충성은 그들 자신에 대해서만 존재하는 경향이 있다. 해외에서 그들은 부인과 가족을 잊어버리고, 그들이 만나는 사람과 결혼하기도 한다. 어떤 이들은 이민법을 피하는 선수가 되어 그들의 비자가 만료되는 대로 이 나라 저 나라를 떠돌아다닌다.

어떤 이들은 한국 사회에서 유지될 수 있는 것보다 훨씬 더 많은 교육을 받아서, 한국에서는 받을 수 없는 수입을 받는 희귀한 특수직을 용케도 확보하고 있다. 한국의 가장 유능하고 능력 있는 이 집단에 속한 사람들은 더 안정된 직장에 안주함으로 국가 발전에 기여하지 못하고 있다. 이들은 결코 귀국해서 모국의 수준을 높이는 데 일조하겠다는 의지가 없다.

어떤 이들은 진실한 애국자들이다. 그들은 한국으로 돌아와 개인적으로 경제적인 희생을 무릅쓰고 뛰어난 업적을 올리고 있다. 한국에 머무르기로 한 이런 현대화된 한국인들은 정부나 한국에 나와 있는 외국인들의 격려를 가장 필요로 하는 사람들이다. 그들은 지성사회의 꽃이다.

21
외국 유학을 한 한국인들

'온돌' 생활에서 서양의 대도시 중심가로 이동히는 것은 커다란 도약이다. 그곳에서의 삶은 일 년 내내 위생적이고 효율적이며 편안하다. 이 황량한 한국 생활의 현실로부터 물질적인 면에서 '지상 낙원'으로의 갑작스런 도약은 해외로 나간 한국인들에게 흥미로운 결과들을 많이 만들어내고 있다.

대다수 한국인들의 첫 번째 반응은 해외에서의 '경이롭고 믿을 수 없는 천상' 삶의 방식에 대해 놀라 입이 벌어지는 것이다. 개인적인 경험과 주변 사람들과의 접촉을 통하여 대부분의 사람들은 냉정함을 되찾고 다시 바라보면서 여러 가지 생각을 한다.

한국 학생들은 외국의 토박이들을 좋아하거나 또는 점차 그들에게 환멸을 느낀다. 만일 그들이 이미 성숙해 있다면, 기본적인 사고방식에는 큰 변화 없이 적응한다. 만일 그들이 미숙하거나 언어의 기본적인 이해가 부족하거나 약간의 불행한 경험을 갖고 있다면, 한국인의 우수성을 확신하고 외국에서는 배울 만한 가치 있는 것들이 없다고 확신하면서 고국으로 돌아갈 것이다. 그들은 이렇게 말할 것이다. 즉, 서양 문명이란 사실은 '종이호랑이'이며, 폭력, 잔인한 사회적 행동, 인종차별 그리고 안락한 삶과 사치를 추구하는 자기중심적인 광기로 가득 차 있다고 할 것이다.

외국어를 잘하지 못하고 체면을 생각하는 단기 방문자들은 그들이

본 것을 이해하지 못할 때 결코 질문하지 않으므로, 그들이 지나쳐버린 것에 대해 아는 것이 거의 없다. 이 사람들은 외국의 생활방식에서 지적, 도덕적 혹은 물리적으로 제공받을 만한 것이 거의 없다는 확신을 가지고 돌아온다. 많은 반서구적 한국인들을 해외 단기 방문을 하고 돌아온 사람들 속에서 찾을 수 있다.

외국에서 교육받은 어떤 교사는 한국으로 돌아와서 전에 있던 학교로 복귀하는 것이 어렵다는 것을 깨달았다. 그의 교육은 그와 같은 경험과 배경을 갖지 않은 나이든 교수들에게 위협이 되기 때문이다. 제2차 세계대전 이전에 일본에서 공부한 나이 든 기득권 교수들은 그들의 영역 안에서 서양 교육을 받은 사람들의 공격을 받고 싶어 하지 않는다.

외국에서 고도의 전문 직종에 있는 학생들은 그들의 업무 때문에 고용주의 특별한 요청으로 근무하는데 한국의 많은 사람들로부터 굉장히 영리하다는 평가를 받는다. 그들도 역시 한국인이 '선진국'에서 명예와 높은 학업성취도를 갖게 될 수 있다는 것을 자랑스럽게 생각한다. 그러나 다른 한국인들은 그들을 '진정한 한국인'에 대한 반역자로 여긴다.

오랫동안 외국에서 교육을 받고 한국으로 귀국한 사람의 첫 번째 반응은 냄새, 가난, 비효율 그리고 관리들의 부패를 완전히 혐오하는 것이다. 이 모든 것들은 그들이 해외에서 살기 전에는 느끼지 못한 것들이다. 이들은 한국적인 모든 것들을 비판하는 경향이 있으며 옛 관습을 별로 존경하지 않는다. 이런 유의 접근은 자연히 한국을 못 떠나서 '고통'을 받아 온 사람이나 국내에 머물러 있는 것에 반감을 갖고 있는 한국인들로부터 따뜻한 환영을 받지 못하게 한다.

의식의 순환은 천천히 변해서 귀국한 사람들은 또다시 한국 문화에 적응하기 시작하고 살아남기 위해서는 이전 상태에 적응하지 않으면 안 된다는 것을 배운다. 귀국한 사람들은 서구직인 깃들을 비판하고 평가절하하는 것이 도움이 된다는 것을 곧 알게 된다. 많은 사람들은 이러한 의식의 변화에 따라서 국수주의자와 서구혐오주의자까지 된다. 이러한 태도는 귀국자가 한국 생활을 회복하는 동안 한국과 서구를 비교하는 태도와 반응에 따라 달라질 수 있다.

일반적으로 외국 여행이나 유학이 가장 생산적이었다고 생각되는 경우는, 대학 졸업 이후 과정 혹은 한국에서 충분한 교육을 받을 수 없는 분야 등에서이다. 또한 한국에서 성공하고 인격적으로 성숙한 사람으로 외국에서 상급과정을 공부한 뒤 귀국하여 도전적인 위치에서 일할 수 있는 사람의 경우이다. 준비되지 않은 상태에서 근본적으로 다른 문화를 체험함으로써 자신의 문화가 변형되었는데 그가 다시 본래의 문화로 돌아가 적응하기를 바라는 것은 대부분의 경우 너무 많은 걸 기대하는 것이다.

사려 깊게 선발되고, 해외로 나가기 전에 성숙함을 보이며, 공부를 끝낸 뒤 돌아올 직장이 있는 사람은 외국 경험을 많이 하고 돌아와 고국을 돕고 열심히 일하려는 참된 열망이 있다. 이런 사람들은 다른 문화에서 좋은 것을 받아들이고 나쁜 것을 거부하는 방법을 배운다. 이들은 완전히 세련된 사람들로서 한국의 미래 발전에 긍정적인 기여를 할 수 있는 자격을 갖추고 있다. 이들은 또한 서양 사람들과 쉽게 협동

프로젝트에 협력할 수 있는 사람들이다. 다행스럽게도 한국에는 이 범주에 들어가는 많은 귀국 학생들이 있다.

귀국 학생들이 소달구지 사회에서 제트기 사회로 비약적인 도약을 했다가 다시 원점으로 돌아온 것은 놀랄 만한 전환이다. 그들이 이룬 업적은 그들 때문이기도 하지만 동시에 많은 한국인들의 공적 때문이기도 하다. 두 문화 사이의 장벽을 극복하는 것이 불가능하지는 않지만 어떤 사람들은 어렵다고 말하는데 당연한 말이다.

22
한국 문화에 남아 있는 일제의 흔적

페리제독▪은 1853년 일본 해안에 닻을 내리면서 아직도 전 아시아를 통해 울려 퍼지고 있는 격동을 일으켰다. 일본은 서방을 향해 눈을 돌리고 메이지 유신하에서 신속하게 서양의 과학기술과 행정개혁을 연구하고 도입했다. 이를 통하여 일본이 극동에서 무시할 수 없는 힘을 갖게 되었다. 중국은 전통을 고수하기 위해 서구의 침략에 대항해 싸웠으나 패했다. 한국은 중국을 종주국으로 삼아 쇄국정책을 계속하고 외국인들에게 문호를 개방하지 않았다. 1895년 일본이 중국에 승

▪ 페리제독(Mattew Calbraith Perry, 1794-1858): 미국 군인으로 동인도함대 사령관. 일본 파견 특파대사를 겸임. 일본 개항을 요구해 미일 화친조약에 조인하고 개항을 약속하게 함. - 옮긴이

리하고, 1905년 5월 27일 35개 러시아 해군함대 중 32개 함대가 동해에서 침몰하여 패전한 후, 한국은 홀로 남겨졌다. 이리하여 한국은 전쟁의 보상으로 일본이 요구한 것을 묵종默從할 수밖에 없었다.

일련의 한국 젊은이들은 새로운 사상에 내해 문호를 개방히려고 했다. 그들은 1880년대 초 처음으로 미국과 러시아, 일본을 여행하면서 조정에서 채택하기를 간청하는 많은 아이디어들을 가지고 돌아왔다.

이 초기 역사는 우정국郵政局을 시작하는 이야기에서 설명될 수 있다. 1884년 최초의 우정국이 일본에서 인쇄한 우표로 서울과 인천에서 문을 열었다. 새로운 우정제도를 개시하는 공식 축하연이 열리던 날 개화당 사람들은 청나라의 지지를 받고 있는 수구당을 몰아내기 위해 쿠데타를 일으켰다(갑신정변). 쿠데타는 실패했고 젊은 우정국총판(홍영식)은 서울 창덕궁의 비원에서 살해되었다. 이렇게 해서 우정조직은 이후 10년 동안 문을 닫았다. 일본은 그들 자신의 우편제도를 개항하는 부산과 인천에서 일본 국영으로 창설했다. 1905년 그들은 한국과 일본의 우편제도를 일본 행정조직 안에 통합할 수 있었다.

1910년 강제적인 한일합방은 조직적인 항거가 거의 없었던, 대체로 형식적인 것이었다. 일본은 당시의 강대국들이 하는 것처럼 한국을 전형적인 식민지로 만들기 시작했다. 일본은 동아시아 전역에 영향력을 확대하기 위해 거대한 아시아 대륙에 있는 한반도를 교두보로 사용하려 한 것이다.

일본은 처음에 한국 관리들의 고문顧問으로 일할 생각이었다. 그러나 실제적인 지배를 하지 않고는, 그들이 새로운 식민지로 발전시키기 위해서 필수적이라고 생각한 행정개혁을 수행하기 어렵다는 것을 곧 알게 되었다. 일본은 가부장적인 정부 조직을 따랐다. 전통적 유교 관습을 따라서 그들은 한국인의 사랑을 받지 못하면 존경이라도 받으려 했다. 그러나 일반적으로 일본은 그 어느 것도 얻지 못했다고 평가할 수 있다.

1909년 만주에서의 이토 후작 암살과 1919년 젊은 기독교인들과 다른 종교 지도자들이 일본의 지배에 항거한 것을 빼고는 일본의 한국 점령에 대한 공개적인 저항은 비교적 없는 편이었다. 그러나 일본의 지배 기간 동안 다양한 방식의 소극적인 저항이 계속되었다.

서울에 있는 일본 총독의 성품에 따라서 한국인들은 가혹하게 또는 온건하게 취급되었다. 그리고 그들은 오직 아시아에서 일본의 위대한 꿈의 일부로서만 생존할 수 있다고 인식하도록 길들어졌다.

한국의 전통과 문화 양식은 일본의 꿈인 대동아공영권大東亞共榮圈을 실현하기 위해 공격적인 자세를 취한 1930년대까지 일본군의 침략에 거의 영향을 받지 않았다. 이때부터 한국인들은 일본식을 따르도록 강력한 압력을 받았다. 학교와 공공장소에서 한국어 사용이 금지되었다. 한국 역사와 문화를 가르치는 것도 금지되었다. 한국인들은 일본식 이름을 사용하도록 강요받았고 한반도를 일본제국에 완전히 통합하는 계획이 급격하게 추진되었다.

점령 초기에 일본인들은 한국에 사는 일본인 자녀들을 위해 독일 모델을 기본으로 하는 완전한 학교 체계를 설립하였다. 이와 병행한 제도를 한국 학생들을 위해서 설립했지만 질적으로 낮은 것이었다. 오직 일본 규정에 완전히 협력하는 학생들만 일본인 학교에 다닐 수 있는 영예가 주어졌다. 어린이들을 더 나은 학교에서 교육시키는 대가는 완전히 일본 정권에 협력하는 것이었다.

일본은 현대 건물을 유럽 건축기술에 따라 건축하였다. 독일 의약품들이 서울에 있는 황국 게이조 대학교Imperial University in Keijo(경성대학)에 도입되었고, 이는 오늘날까지 국립서울대학교에 영향을 주고 있다. 일본인의 군용 무기는 프러시아 모델을 본뜬 것이다. 항구시설과 저수지 및 수력발전을 포함한 광범위한 관개灌漑시설이 만들어졌다. 석탄과 텅스텐 광산뿐만 아니라 금광도 개발되었다. 대규모의 비료 공장과 시멘트 공장이 세워졌다.

실크 문화가 확장되었고 섬유공업이 발전되었으며 연초전매제도가 정부 통제하에 만들어졌다. 정부의 독점권은 모든 주요 산업과 공공시설에 영향을 미쳤다. 일본은 한국을 1930년대의 만주와 중국의 침략을 준비하는 육군과 공군의 훈련장으로 사용하였다.

일제강점기 한국인들에게는 오직 정부에 종속적인 태도를 취하는 것만 허용되었다. 그들은 일본의 공업 발전을 위해 저임금 노동자로 사용되었다. 그리하여 한국인들은 부하직원의 입장에서 일본인들의 행동양식과 생활방식을 지켜야 했다. 그들은 이류二流 시민으로 대우받는 것과 관리직 기술훈련을 시키지 않은 사실에 분노했다. 1945년 해방이 된 뒤 갑자기 자신들이 권력의 자리에 앉게 된 것을 알게 된 한국인들은 그들이 가지고 있는 권위주의적인 제도를 가동하기 위해서 필요한 엄격한 통제를 하지 않고 일본인들의 외적인 괴상함만 본뜨려

했다.

일본인들은 그들의 노력을 도시에 집중했기 때문에 농부로 구성된 80%의 사람들은 전통적인 방식과 행동양식을 거의 변함없이 따르고 있었다.

일제강점기 도시들은 일본 도시들의 어설픈 모방이어서 상점들은 일본 상품들로 가득했고 사업은 일본식으로 행해졌다. 어떤 도시 사람들은 일본인 지배자들과 별로 다르지 않았다. 어떤 한국 사람은 기회가 되는 한, 일본 사람으로 행실을 해서 일본 생활양식과 언어와 문화를 따랐다.

점령군이 경찰, 법원, 학교, 병원 그리고 큰 공장 들을 완전히 장악하고 있었기 때문에 일본이 한국에서 밀려나리라고 생각한 한국인은 거의 없었다. 많은 사람들이 일본 사람 밑에서 성공하려고 정착했고, 그렇게 하면 할수록 더 성공할 기회가 있다고 생각했다. 몇몇 한국인들은 낮은 직급의 경찰직에 임명되었고, 어떤 이는 실제로 지방법원의 법관에 임명되기도 했다. 일본인들은 한국인들을 한국이나 일본 본토 중에 일본인이 통제하고 있는 곳에서 지저분한 일을 하는 데 쓰는 경향이 있었다.

한국이 일본으로부터 해방된 지 20년이 지난 뒤에도 일본인이 생각하는 모형과 태도의 흔적을 보는 것은 흥미롭다. 학교는 아직도 일본식으로 지어지고 운영되는 것이 일반적이다. 정부는 일본 행정부가 했던 것처럼 담배, 소금 그리고 주요 산업체를 독점 운영하고 있다. 관개시설, 농업협동조합, 은행, 법원 그리고 경찰은 근본적으로 일본식을

따르고 있다. 한국군은 창설 당시부터 미국의 영향을 강력하게 받고 있음에도 대부분 일본군 출신의 남자들로 구성되어 있다. 한국전쟁 이후에 한국군은 완전히 미군 장비로 훈련받고 있다.

35살이 넘은 한국 사람은 셈을 할 때에 일본어로 바꾸어서 한다. 왜냐하면 그것이 그들이 배운 셈법이기 때문이다. 따라서 한국어로 계산을 할 경우 더듬거린다. 정부가 주관하는 기념행사는 일본 불교와 신도神道식에 기반하고 있다. 학교 교복과 교수법, 교사들의 서열 매김은 다 일본이 세워 놓은 계획에 근거하고 있다. 철도역은 일본 모델을 따라 운영된다. 즉, 흰 장갑을 낀 역장은 일본인이 했던 그대로 하고 있다.

일본 군조직의 흔적은 지금도 군 장례 때 죽은 동료의 유골을 운반하는 한국 병사의 모습에서 볼 수 있다. 그들은 흰 하사관 옷을 입고 흰 장갑을 끼며 흰 멜빵으로 어깨에서 늘어뜨린 상자 안에 들어 있는 유골을 운반한다. 죽은 자의 사진은 상자 앞에 전시된다. 이것은 일본 군 장례의 관습이다. 공공행사에서 죽은 자의 혼을 존경해서 잠깐 조용히 묵념하는 것도 일본인들의 신도의식을 따르는 것이다. 유명 인사들의 사회장은 일본 모델을 따르고 있다.

제2차 세계대전의 종전 때 맥아더 장군은 도쿄에 최고사령부를 두고 점령 초기에 한국의 군정을 지휘했다. 처음에는 대부분 실시 중인 일본법을 지키기로 하고 필요하다면 그들을 점차 변화시키기로 결정했다. 현재 상황에서 유일하게 실천 가능했다고 생각되었던 이 결정은 일본의 사법 및 행정 조직의 주요 요소들을 영속화시키는 경향이 있다.

이승만 대통령은 일본에 대해 격렬한 감정적 증오심을 갖고 있었지만, 그의 첫 대한민국 정부가 1948년에 시작되었을 때 일본식 체제를 폐지하지 못했다. 그러나 그는 직권을 이용하여 한국 청년들을 교육해서 일본에 대한 증오의 반사작용을 갖게 했다. 나이 든 한국인들은 그러한 접근 방식에 대해 공개직으로 반대하지는 못했으나 많은 사람들은 사적으로 일본에 대해 대통령이 느끼는 것과 같은 감정을 갖고 있지 않다고 말했다. 협상 차원에서 국보를 반환하고, 한국 침탈을 보상하라고 일본을 압박하면서 '일본 증오'를 계속하는 접근 방식은 1965년 한일조약을 맺기까지 유용했던 것이다.

많은 한국 사람들은 일본이 어떤 방식으로든 공개적으로 사과하고, 그들이 한국 점령 당시 지은 죄에 대하여 한국인에게 용서를 빌지 않으면 안 된다고 느끼고 있었다. 그러나 성과 없는 협상이 계속된 14년 후에야 한국은 드디어 화해를 하게 되었고 일본과 공식적인 외교 관계를 재정립했다. 그동안 일본은 한국과의 친선을 고려하지 않았던 것이 분명하다. 한국에 대한 일본의 경제적인 침략에 대한 두려움과 의구심이 일본의 경제 발전과 기술 능력에 대한 찬탄 및 시기심과 함께 존재했다. 일본 상품은 한국에서 비싼 값으로 팔렸고 많은 상점에서 구입할 수 있었다. 얼마 동안 한국에서 짠 스웨터는 일본으로 가져가서 일본 상표를 붙이고 돌아와 한국 상표 때보다 세 배의 값에 팔렸다. 일본 학교와 대학에서 교육을 받은 사람은 그의 학위를 자랑스럽게 생각하며 지금도 교육계와 정부기관에서 중요한 역할을 하고 있다. 일본 교육이 한국 사람에게는 미국 교육보다 더 높게 존경받고 있다. 한국인들은 사회와 경제 분야에서 일본의 사례에 민감하고 재빨리 따라하려는 경향이 있다. 이런 일이 가능한 이유는 아마도 한국인들이 일본의 성취는 쉽게 접근할 수 있지만, 서양의 경제와 기술의 발전 그리고 서양문화와 사상들은 성취가 가능한 영역을 넘어서 먼 곳에 있다고 느끼기 때문이다.

일본 미신의 자투리가 지금도 한국인 사이에 통용되고 있다. 불행한 수 사四는 죽음이라는 사死■와 발음이 같아서 많은 한국인들은 이 수를 피하고 있다. 호텔은 마치 서양 호텔에 13층이 없는 것처럼 4층이 없다. 한국군은 공산주의자가 군을 장악하려고 시도했지만 수포로 돌아간 1948년 14연대의 여수반란사건 이래로 군에서 그의 부대 명칭에 4라는 숫자를 쓰지 않는다. 전화번호나 차의 번호판에 4를 사용하는 것은 주로 외국인이며, 대부분의 한국인은 그런 숫자에 반대한다. 숫자 4의 뜻을 모르는 사람은 외국인이라는 농담도 있다.

사람의 이름을 붉은 글씨로, 예를 들어 좌석 표나 크리스마스카드에 쓰는 것은 죽음을 뜻하는 것이고 금물이다. 사형선고는 붉은 글씨로 쓰이곤 한다. 다른 미신은 '백말띠의 해(1966년)'■■라는 매우 불행한 연도에 태어난 여자는 좋은 신랑감을 찾을 수 없다는 것이다. 어떤 여인들은 그런 불행한 해에 아이를 낳지 않으려고 유산이라는 편법을 쓰기도 한다.

■ 四(シ)와 死(シ)는 일본말로도 발음이 같다. '死'의 한자어 훈 음이 '죽을 사'이고 '四'가 동일하게 발음된다고 해서 꺼려했다고도 함. - 옮긴이
■■ 집필 당시에 사람들이 1966년을 백말띠라고 해서 저자가 1966년을 부기했겠지만, 백말띠는 경오년을 두고 이르는 말이므로 1966년은 백말띠가 아님. - 옮긴이

일본식을 받아들이는 것보다 더 흥미로운 것들은 아마도 한국인들이 채택하지 않은 일본의 많은 것들이다. 신도神道와 선종禪宗의 강력한 종교적인 힘 그리고 일본 귀신과 영혼의 범신론적 세계는 한국에서는 받아들여지지 않았다. 무사들이 영광을 받는, 엄격한 일본 군국주의의 무사도는, 한국에서 존경을 받고 찬탄의 대상이 되고 있는 학자를 대신할 수 없었다.

한국인들은 지금까지 아시아에서 강력한 무력을 쓰려는 일본인들보다 외교적인 기교에 있어서 어쩌면 더 슬기로운지 모른다. 한국인들은 일본의 관료조직 체계를 사용하고 있지만, 일본인들이 성공적으로 조직을 움직이게 하고 있는 규칙을 받아들이지 않았다. 한국인들은 일본 음식도 받아들이지 않았다. 그리고 비록 서울에 새로 개업하는 일본 식당이 많지만 대부분의 한국인들은 매운 '김치'가 있는 자신들의 식단을 선호한다. 한국인들은 무릎을 꿇고 앉는 일본식의 어렵고 불편한 방식보다 반가부좌를 하고 마루에 편안하게 앉는 방식을 계속하고 있다. 인사하는 데도 여러 번 고개 숙이는 일본식을 버리고 한 번 절하는 것을 좋아한다.

분명 20년의 해방 기간 동안 한국에서는 미국인들의 영향이 비교적 강했지만 40년 일본 지배의 흔적이 지워지지는 않았다. 이 40년 동안 15년은 한국인들을 일본화시키려고 했음에도 불구하고 한국인들은 그냥 한국인으로 남아 있었다. 그들은 자신들의 전통문화에 적합한 외형적인 것들만 일본에서 받아들였고, 일본식으로 보이는 관습과 태도는 거부하였다.

한국인들은 이와 같이 외세에 동화되는 것에 저항하는 능력을 다시 한 번 보여주었다. 고대 히브리인들처럼 그들은 주변 강대국들에 의해 주기적으로 병합되었지만 하나의 구별된 나라로 남았다. 한국은 고대 팔레스타인과 비교될 수 있다. 국토를 이리저리 헤집고 다니는 당시의 일본인은 로마인과 닮았고 중국인은 그리스인과 유사하다. 한국은 외부로부터 새로운 사상과 외형적인 면을 흡수하였지만 기본적인 철학보다는 방법과 기교에 있어서만 변화를 받아들였다. 한국인들은 자신들의 역사를 통해서 발전시켜 온 자신들만의 문화와 사고양식을 잘 간직하고 있다.

23
미군에 대한 반응

미군은 복합적인 감정을 가지고 한국에 온다. 그 감정은 한국전쟁이라는 가장 비참한 시절에 근무했던 많은 사람들로부터 들은 이야기에 근거하고 있다. 그는 단기복무 기간 동안에 오직 두 종류의 한국인들을 만날 가능성이 있다. 즉 군대에서 일하는 한국 사람들과 군인들이 근무시간 외에 필요로 하고, 원하는 것을 공급해 주면서 생계를 유지하는 한국 사람들이다. 어떤 외국 군인들은 거주지를 결코 떠나지 않음으로 인해 오직 한 종류의 한국인만 만나는 데 국한하려 한다. 그래서 그들은 '오염에 물들려 하지 않고' 한국인들이 살고 있는 사회를 전혀 모르면서 속편하게 지낸다. 더 나아가 외국 군인들은 매력적인 나라를 어쩌다 한번 보면서 관심 있는 친구들을 사귀는데 그들을 통해서 세계에 대한 비전을 넓히고 몇 가지 오해를 씻을 수 있다.

많은 한국인들이 과거 22년간 마찰과 긴장이 거의 없이 서방 군인들과 기꺼이 일하고 잘 적응할 수 있는 것은 큰 점수를 받을 만하다. 임시로 와 있는 미군들이 업무 파악도 제대로 못한 채 떠날 날과 시간을 계산하고 있는 와중에서 그들에게 연속성과 효율성을 준 사람은 그래도 사무실의 믿을 수 있는 한국 비서와 보좌관이었다.

이 충성스러운 한국인들은 매번 그들의 새로운 상사들을 조심스럽게 가르쳐야 하고 서류가 잘 처리될 수 있게 해주어야 한다. 많은 이들이 영어를 충분히 통달해서 미군들의 언어로 일을 잘 수행해내고 있다. 그들은 군 상관이 생각 없이 내뱉는 말과 독특한 성깔 그리고 다음 날 잘못을 후회하는 성격에도 불구하고 조심스럽게 참으면서 웃는 얼굴과 즐거운 기질을 유지하는 것을 배우고 있다. 많은 사람들이 미군 부대와 지역사회 및 정부 사이를 연결하여 이해시키는 진정한 징검다리 역할을 해오고 있다. 많은 사람들은 외국의 좋은 삶의 방식과 태도를 따랐지만, 외국 군대의 사고방식 중 칭찬할 만한 것이 못 되는 요소들을 조심스럽게 거부하였다.

어떤 이들은 그들과 사귀는 사람들의 미덕 중 많은 부분을 그리고 악덕 중 적은 부분을 배웠다. 어떤 이들은 종종 외국 사람처럼 행동해서 그들 자신이 사회로부터 고립되기도 했다. 많은 이들은 외국 군대의 기술, 방법, 과정을 충분히 배우고 그들과 적응하는 법을 배우며 그들의 외국인 상대들로부터 어떻게 칭찬과 존경을 받을 수 있는지도 배웠다.

　유교 사회에서 군인은 언제나 수직선상에서 상당히 낮은 순위에 있다. 그러나 현대 한국에서는 군대가 권력과 물자 공급, 재정 그리고 인적자원을 가지고 있는데 군인들은 오늘날의 행정, 경리, 조달, 공급, 교통, 병참, 의료 그리고 통신기술 훈련을 받았다. 그리하여 한국을 현대화하는 데 필요한 기술을 배운 사람들은 대부분 군인 출신들이다. 군대는 현대 한국에서 쓸 수 있는 잘 훈련된 지도자를 뽑아서 훈련시켰다. 군대는 역시 신뢰를 주었는데 그들의 목적의식은 민간 부처에서 일하면서 투덜대는 정치인들의 낙담하는 태도와 종종 비교되었다.

　한국의 우수한 젊은이들 중 많은 이들은 군대에서 자신감과 성취감 그리고 넓은 꿈을 갖게 되었는데 이러한 요소들은 새로운 한국에서 최고의 지도력을 갖추게 한다. 한때 군대 밖에 있었던 이 사람들은, 많은 민간인들이 군대를 멸시했던 전통과 종종 부딪친다. 또한 이들은 지역 주민들로부터 존경이나 계급에 대한 인정 혹은 감사를 거의 받지 못하는 경향이 있다. 이러한 경향은 민간인들로 하여금 전통적인 군 경멸 사고를 강화시키고 있다. 그리하여 군인들은 자신들의 계급을 인정받고 권위와 신분을 느끼게 하는 군대라는 안전한 곳으로 빨리 복귀한다.

　군대에 남아서 전쟁과 명령이라는 호된 훈련을 견디어낸 사람들은 대부분 아주 명석하지만 가난한 농촌 가정 출신들이었다. 그들은 소수의 부유계층 신분에 속하지 않았는데 부유층의 일부는 외국 유학이나 다른 수단을 써서 군복무를 기피했다. 그리하여 군대는 배경이 별로 없는 이들을 명사名士로 만들었는데, 그들은 일반 시민의 삶에서는 결코 얻을 수 없는 기회를 가질 수 있었다. 그들의 교육과 성공은 군대 덕분인 것이다.

세2차 세계대전 밑에 일본 군대에서 경험을 쌓은 군인들은 1946년 시작한 초기 한국경비대의 기간요원이 되어 중추적인 역할을 했다. 그들 중 많은 사람들이 오늘날 세계에서 네 번째로 큰 군대의 고위 장군들이 되어 있다. 대부분의 고위직 장교들은 성공의 도구로 영어를 배우고 있다. 그들 영어의 약간은 군인들에 의해 자유롭게 사용되는, 모든 생각과 감정을 표현하는 용어들을 가지고 있는 '지. 아이. 잉글리시 G. I. English' 이다.

이 현대 군인들은 그들의 태도나 사고 형태에 있어서 대부분의 어른 시절을 군에서 보내지 않은 사람들과 아주 다르다. 많은 사람들은 자신들의 문화와 역사에 대한 생각이 같다. 그리고 다행스럽게도 자기 시야 밖의 정치와 경제계에서 받아들이는 윤리적 표준에 대해 알지 못한다. 다른 한편으로 어떤 이들은 그들 주변의 사회에 적응하는 것을 배운다. 그리고 개인적인 이득을 위해 자신들의 지위를 사용하는 것을 부끄럽게 여기지 않는다. 그들은 전통적으로 개인의 것과 공공의 것을 구별하지 못하며 책임감이 없다.

하위계급에 있는 군인으로 미군 부대에 배속된 한국 군인은 한국군과 미국군 사이에 급료가 크게 다른 삶을 알아가면서 종종 대단한 자제력을 보여준다. 가끔 자질이 높은 한국군이, 능력이 별로 없는 미국군과 한자리에서 일하는데 봉급은 십분의 일도 되지 않는다. 이런 상

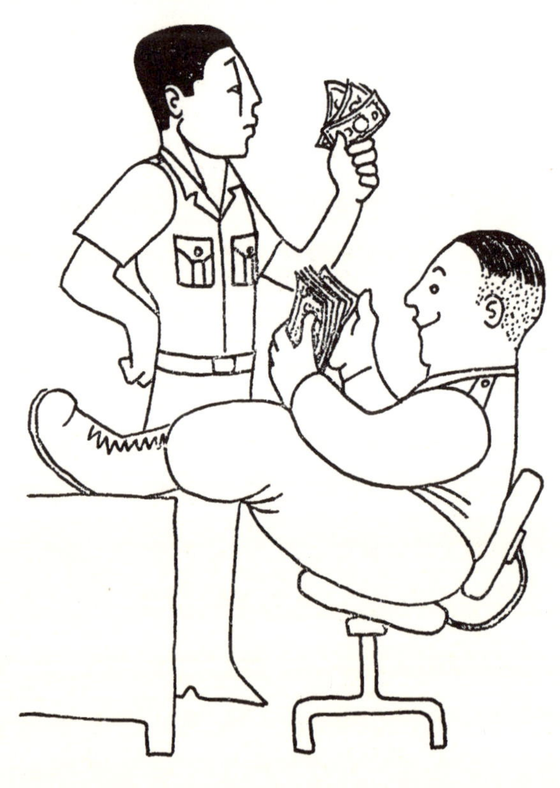

황에서 개인 소지품을 잃어버리면, 지키는 사람이 없는 곳에 물건을 놓아 둔 서양인들의 조심성 없는 행동이 이 문제 때문에 일부분 비난 받을 수 있다.

외국 군인이 만날 수 있는 또 다른 한국인 집단은 군부대 울타리 밖에서 서성거리는 사람들이다. 다른 한국인들은 군부대 밖에서 생활을 꾸리는 사람들을 '양아치들'로 여긴다. 지구상의 다른 많은 지역에서와 마찬가지로 한국에서도 군부대를 따라 다니는 사람들은 반범죄자나 창녀 취급을 받는다. 전통적인 한국인에게 있어서 모든 비한국인들은 본질적으로 야만인이다. 고착된 사회 체계에 의해 계급과 위치가 고정되어 있는, 범죄자와 창녀 그리고 '양아치'는 사회에서 인정받지 못하며 대부분 사회의 통제 밖에 있다. 그들은 무엇이나 할 수 있다. 훔치는 것은 영리한 짓이다. 훔치다 들키는 것은 운이 없거나 멍청한 짓이다. 저명인사에게 구걸하거나 그를 당혹케 하는 것은 기분풀이다. 사회적인 부랑자는 연극배우가 될 수 있으며, 공공장소에서 모든 종류의 감정을 보일 수 있다. 왜냐하면 지켜야 할 체면이 없기 때문에 잃을 것도 없고 원시적인 본능으로 행할 수 있다. '양아치들'은 싸우거나, 죄를 짓거나, 술을 마시거나, 큰 소리로 불쾌하게 모든 사람이 보고 피하도록 흥청댈 수 있다.

과거에 외국군 주둔지 주변의 매춘 행위는 고도로 잘 조직되어 있었다. 가난한 가정들은 때때로 딸을 대출 보증으로 내놓았다. 이 소녀들은 포주에 의하여 현대 의상, 화장, 춤 그리고 유혹적인 영어 기술로 훈련을 받는다. 그리고 이 소녀들은 병사들을 즐겁게 하기 위해 포주로부터 방과 침대를 엄청난 값으로 빌린다. 이 빚더미를 벗어날 수 있는 사람은 거의 없다. 어떤 여인은 한때 그의 '남자친구'였던 사람이 발길을 끊으면 자살까지 한다. 말라리아 예방을 위해 병사들에게 준 클로로퀸chloroquine은 선호하는 자살 수단인데, 한 번 치사량을 먹으면 매우 효과적이어서 치료할 수 없다.

소녀들은 그들이 봉사한 대가를 군표(military payment certificates)로 받으려 한다. 이 군표는 피엑스PX 특권을 가진 사람들의 몇몇 '합법적' 아내들에게 건네어져, 피엑스 물건이 한국 세관을 통하지 않고 암시장에 계속 흘러 들어오게 한다. 이 조직은 매우 유연하고 효과적으로 작용하기 때문에 미국에서 피엑스에 도착한 물건들이 한국 시장에 나타나는 데 20분이면 된다고 한다.

과거 수차례에 걸쳐 군 지휘관들은, 미군과 사는 부인들이 그들의 남자를 동반했을 때에만 피엑스에 들어가게 함으로써 피엑스의 사치품들이 불법적으로 민간인 시장에 흘러 들어가는 것을 막으려고 혼신의 노력을 다했다. 그러자 이 부인들은 미 대사관 앞에서 거리 집단시위를 했는데 인종차별과 이류 국민 취급을 문제로 내걸었다.[■] 모든 한국인들은 범죄자라 할지라도 외국 군대가 비인간적인 취급을 할 경우, 즉 그들이 열등한 존재로 여겨질 경우 매우 예민하게 반응한다. 지휘관들은 대중의 격렬한 반응이 있기 전에 명령을 철회하고 무질서에서 후퇴해야 했다.

■ 미군과 함께 사는 한국 부인 또는 미국 부인도 끼었던 것 같다. - 옮긴이

이런 종류의 대규모 작전이 계속되기 위해서는 서양인들의 도움과 협력이 있어야 한다는 것은 의심의 여지가 없다. 한국 정부는 시장을 단속하고 암시장의 피엑스 물건을 압수하는 등 다양한 시도를 했지만, 이러한 단속은 단지 표면적일 뿐이고, 다음날 시장은 이전으로 되돌아 간다. 이등병의 급료에 의존하는 몇몇 '합법적' 배우자들은 피엑스가 열리는 날이면, 그들이 살 수 있는 최대한의 양을 산다고 알려졌다.

군대가 새로운 발행을 위해 갑자기 군표를 바꾸는 날들은 어떤 이들에게는 고통스러웠다. 경고 없이 군 영내는 문을 닫고, 물품 교환이 되는 기간 동안 아무도 영내 출입을 할 수 없다. 불법으로 군표를 가지고 있던 사람들은 자신의 재산이, 남부 연합에서 통용되던 화폐처럼 되었다는 것을 발견한다. 과거 이 군표 때문에 온 시민경제가 흔들리고, 많은 사업이 갑자기 도산했다. 이런 가진 자와 가지지 못한 자 사이의 전쟁으로 인해서 많은 사람들이 미국인에 대한 존경심을 버렸고, 미국인도 그러했다.

외국 군인을 아버지로 하여 태어난 혼혈아는 인종에 대해 강한 감정을 가지고 있는 나라에서 문제를 야기한다. 혼혈아들은 한국 사회에서 온전히 받아들여질 희망이 별로 없다. 그들의 가능한 미래는 여자의 경우 매춘을 하거나, 남자의 경우 범죄를 하는 것이다. 많은 아이들이 해외 가정에 입양됨으로써 이런 미래에서 구제되었다. 한국 사회에서는 검은 눈과 검은 머리만 참된 아름다움으로 여긴다.

적극적인 면에서 많은 군부대들이 고아들을 후원하고 주둔지 주변의 지역사회와 많은 관계를 맺는다. 고아들의 문제는 그들이 자라서 좋은 학교에 가고 가치 있는 직업을 갖도록 돌보는 가정이 없을 때 이들이 어떻게 되느냐 하는 것이다. 찾기 어려운 직장을 얻기 위해서는 그를 기꺼이 후원해 줄 사람(그에 대한 담보로서)에 의해 매번 추천을 받아야 한다. 고아는 일반적으로 그런 후원자가 없고 따라서 직장을 갖기가 매우 어렵다.

전통적인 사회에서 고아는 아무리 촌수가 멀다 하더라도 친척에 의해 입양되어 집에서 종으로 일한다. 그리하여 사내일 경우 결국 생활능력을 갖고 독립하게 되고, 여자일 경우 옷과 결혼 지참금을 받고 결혼하게 된다. 한국전쟁 이래 미군 주둔지 주변에 서양인 단체에 의해 세워진 고아원 건물은 이와 같이 가족이 책임지는 관습을 깨뜨리는 경향이 있다. 오늘날 어떤 사람들은 고아가 된 친척들에게 책임을 거의 느끼지 않고 고아원의 친절한 자비에 위탁하면서 더 이상 관심을 갖지 않는다. 많은 가난한 가정에서는 가난 때문에 어린아이들을 고아원에 맡긴다. 일반 고아원에서 주는 보살핌이 가난한 가정에서 그들에게 주는 것을 대신할 수 있는지는 의심스럽다. 이와 같이 조금도 과장하지 않고 말한다면 고아원은 좋기도 하고 나쁘기도 하다.

고아원에 관한 또 다른 문제는 전통적으로 좋은 관습을 따르는 몇몇 원장들이 개인 장부와 고아원 장부를 구별하지 않는다는 것이다. 고아를 돌보고 그들을 먹이는 데 사용되어야 할 물질이 딴 곳으로 가서 경영자 개인의 이익을 위해 사용된다는 것이다. 최근 한국에서 심각한 영양실조 아이들을 발견할 수 있었던 곳이 그런 고아원들이었다. 많은 고아원들이 관대한 외국 원조 덕분에 관리인들의 돈 버는 사업이 되어 왔다. 이와 같이 관대함과 불쌍한 어린이들을 돕겠다는 욕망은 사회문제가 되고 있으며 아직 만족스러운 해결책을 찾지 못하고 있다.

미군의 마스코트가 된 어린이들 역시 '귀엽다'는 연령대를 지나면 슬픈 집단이 된다. 그들의 최초 후원자들이 떠나고 시간이 흐르면, 그 뒤를 이은 사람들은 종종 자신들의 마스코트를 '찾기' 원한다. 이 반쪽짜리 문화의 떠돌이들은 부득불 종종 범죄자로 전락하여 가난하고 힘들게 삶을 마치는데 시민생활이라는 불편한 세계에서 자신들의 길을 개척할 수 없기 때문이다. 이러한 부작용은 전통적 생각을 가진 많은 한국 사람들에게 가끔 외국군에 대해 안 좋은 인상을 심어 주고 있다. 그러나 수년을 지나면서 이 어린이들에 대한 관대한 미국인들의 관심은 기본적으로 대부분의 한국 지식인들의 존경과 감사를 얻고 있다.

많은 사람들은 어떤 수단을 써서라도 일을 하려고 미군 부대를 바라보는 경향이 있는데 그들 눈에는 미군 부대가 금광이나 마찬가지이다. 군부대는 아주 조직적인 활동을 통해 학교나 교회 또는 마을에다 새로운 길을 만드는 일에 종종 기여하고 있다. 몇몇 지역 지도자들은 과도한 요구를 하는 것을 이상하게 생각하지 않는다. 몇몇 범죄 조직은 군대 지휘관들에게 그들이 주둔지 주변의 수상한 구석이 있는 업체들에 대해 눈감아 달라고 타협을 시도한 일도 있다.

외국에 나와 있는 많은 미국인들이 이처럼 도덕적 함정에 빠지는 사실이 몇몇 미군들이 한국에 대해서 갖는 혐오감에 대한 설명이 될 수도 있다. 그러나 수년 동안 한국인들과 미국인들 사이에 순수한 우정이 발전되어 왔다는 사실은 세계 다른 곳에서와 마찬가지로 한국에서도 여러 유형의 사람들이 있다는 진실을 입증하는 것이다.

24
한국의 기독교

기독교는 16세기 후반 한국에 처음 소개되었는데 북경에 간 한국 사절단이 천주교 서적을 가져올 때부터다. 기독교인들은 유교와 조상 숭배를 반대했기 때문에 박해를 받고 많은 사람이 처형되었다. 이후 200년 동안 기독교인들은 그들을 말살하기 위해 압력을 늘였다 줄였다 하는 통치자의 기분에 따라 흥망성쇠를 거듭하며 살아남기 위한 투쟁을 계속하였다. 19세기 초 서방과의 접촉이 증가하면서 1880년대에 처음 개신교 선교사들이 도착했을 때 박해를 견뎌낸 10,000여 명의 천주교인들이 있음을 알게 되었다.

초기 개신교 선교사들의 보고는 한국에 많은 선교사들을 보내도록 여러 종교 단체들을 자극하였다. 장로교와 감리교는 제2차 세계대전 전에 대규모 인원을 파견하였다. 한국에서 개신교 운동은 1906년에 시작되어 교회를 휩쓴 성령부흥으로 큰 자극을 받았다. 그것은 성경을 믿는, 기도 중심의 교회로 그리고 다른 비기독교 국가에 선교사역의 성공적인 사례로 세계에 알려졌다.

개척 초기에 한국 개신교는 전반적으로 자급自給, 자기희생自己犧牲, 자전自傳, 자치自治의 교회가 되었다. 1930년대에 미국과 아일랜드에서 천주교 선교사들이 많이 들어왔다. 한국전쟁으로 한국이 세계의 조명을 받게 되자, 많은 교파들이 세계 각처로부터 대표자들을 보내기 시작했다.

1905년부터 1945년까지 일제강점기에 기독교 단체는 일본과의 협력보다는 서방국과의 연합을 찾는 많은 한국 애국자들의 관심을 끌게 되었다. 일본 당국은 곧 한국 기독교 공동체가 항일 활동의 중심지인 것을 깨닫게 되었다. 1919년 전반적으로 기독교인들로 지도력을 구성한 젊은이 집단이 독립에 대한 한국인들의 열망을 세계에 알리기 위해 일본 통치에 반대하는 무저항 시위를 전 국가적으로 일으켰다. 일제는 무자비하게 이 시위대들을 억압했고 한국 민족주의의 모든 흔적을 말살하기 위한 노력을 경주했다.

1930년대에 개신교 단체들이 신사참배의 종교의식에 참여하라는 일본인들의 명령을 거부했다. 몇몇 기독교 학교들은 학생들을 신사참배에 보내지 않아 폐교되었다. 많은 개신교 지도자들은 일본의 광신적 애국주의에 대한 항거 때문에 투옥되었다. 많은 사람들이 감옥에서 고문으로 죽었다.

천주교와 몇몇 개신교 단체들은 신사참배가 단순히 종교적인 의미가 없이 단순히 애국적 행위라는 태도를 취하면서, 신도들이 신사참배에 참여하는 것을 허용했다. 많은 기독교 지도자들은 1945년 8월 15일 일본이 항복하기 바로 직전에 또다시 체포되었다. 기독교공동체는 만일 일본에 원자탄 투하로 갑자기 전쟁이 끝나지 않았다면, 투옥된 사람들은 사형 집행이 되었을 것이라고 일반적으로 믿고 있었다.

1945년 이래 북한에 있던 많은 기독교인들은 공산주의자들에게 체포되고 처형되었다. 1950년 공산주의자들이 침공한 기간 동안에 남한의 많은 기독교 지도자들은 처형을 당했고, 살아 있던 많은 사람들은 공산군들이 후퇴할 때 납북되었다. 예배를 드리는 동안 교인들은 포위를 당했고, 예배당 건물은 불에 탔으며, 빠져나가려는 사람들은 밖에서 총을 들고 서 있던 공산군에 '의해 처형되었다. 적어도 500명의 개신교 지도자들이 한국전쟁 기간에 사라졌다.

1945년 이전 평양 인구의 10%가 기독교인들로 추산되었다. 북한 선천의 경우 인구의 50% 이상이 기독교인으로 추산되었다. 1945년 이래 북한의 공산치하에서 약 400만 명의 피난민들이 내려왔는데 모든 교회 교인들은 남쪽으로 도피했다. 북한에 있는 기독교 교회는 더 이상 지상에 존재하지 않았다.

한국 교회는 한국전쟁 동안 잃어버린 거대한 지도력을 결코 온전히 회복하지 못하고 있다. 전쟁의 혼란과 함께 지도자들의 질이 떨어지고 전통적 유교윤리가 부활했는데 그 결과 교회의 분열을 야기했다. 1945년 한국에는 하나의 장로교단이 있었지만 1967년에는 네 개의 교단으로 나뉘어졌다. 이러한 교회 분열이 교인 수의 감소를 필연적으로 가져오지는 않았는데 그 이유는 경쟁이 각 교단을 자극해서 더 많은 개종자들을 얻게 하여 전체 숫자는 오히려 증가했기 때문이다. 그러나 기독교인들이 서로 싸우는 모습은 한국 기독교회의 사회적 이미지를 나쁘게 했다. 분열을 치유하거나 분열된 교단들이 다시 합치는 노력은 거의 없었다.

몇몇 한국 교회 지도자들은 1945년 이후 교회의 질을 떨어뜨린 것이 두 개의 주요 부패 때문이라고 여긴다. 첫 번째는 일본 소유 재산을 교회와 고아원, 신학교로 확보하기 위한 광적인 쟁탈전 탓이다. 일본 철수 후 먼저 잡는 자가 임자인, 이 탐나는 재산은 미군정 관리들과의 접촉이나 한국 관리들에게 뇌물을 줌으로써 확보할 수 있었다.

두 번째 부패 요소는 아이러니하게도 미국에서 쏟아져 들어온 구제품들 때문이다. 이 구제품들은 한반도에서 행해졌던 전쟁의 참혹한 모습을 본 사람들이 보내온 것들이었다. 많은 구제품들은 교회 지도자를 통해서 분배되었는데 그들은 구제활동에 대해 훈련을 전혀 받지 못했고, 견딜 수 없는 압력을 받아야 했으며, 공평하게 나누는 일을 잘하지 못했다. 이 모든 어려움에도 불구하고 교회는 계속 성장했고, 대부분의 교회는 예배 때마다 성황을 이루었다.

25

한국 전통문화에 끼친 기독교의 영향

한국의 기독교는 서양에서 들어왔고 기독교 선교사들의 활동은 광범위하고 비교적 성공적이었기 때문에 전통적인 한국인의 사고 형태와 태도에 상당한 영향을 주었다. 기독교 선교활동은 교육, 전도, 의료, 사회 봉사활동을 강조했다. 그리하여 한국 사회의 여러 면에 강력한 영향을 끼쳤다.

현대식 학교들이 기독교 사역에 의해 먼저 설립되었다. 여인들이 처음 교육받은 것은 미션 스쿨들에서이다. 첫 번째 병원과 첫 번째 의학교가 의료 선교사들에 의해 시작되었고, 기독교 선교사역은 한국 의사들과 간호사들, 병원 기사들을 양성하는 길을 열었다. 또한 많은 사람들을 해외로 보내 상급과정의 교육을 받게 했고, 그들이 교육받은 대로 현대식 과학적 의술을 시행할 수 있는 환경을 조성했다.

첫 결핵 요양소와 첫 한센병 환자촌이 기독교선교회들에 의해 운영되었다. 사과나무를 이용한 사과 산업이 번창했는데 선교사들이 처음 도입했다. 농어촌 지역의 교회들과 주일학교들은 서구적이고 기독교적인 사고를 벽촌마을과 외딴섬에 전달했다. 한국어와 표음문자인 한글의 사용은 성경과 찬송가가 한글로 기록된 사실 때문에 활성화되었다.

교회 행정에 대한 개신교 체계는 한국 교회 지도자들에게 가르쳐져서 일본 통치하에서도 교회 지도자들은 지역 대표제라는 행정의 민주적인 절차를 배웠다. 1945년 한국이 해방되었을 때, 기독교인들은 미군정과 영어로 대화하는 첫 번째 사람들이 되었다.

1948년에 구성된 최초의 국회에서는 국회의원으로 선출된 사람들의 42%가 기독교인이었다. 당시 기독교인은 전 인구의 4%뿐이었다. 대한민국의 처음 두 대통령(이승만과 윤보선)과 민주당 출신 국무총리였던 상면도 기독교인이었다.

기독교 지도자들이 권력을 잡고 있을 때 기독교 윤리와 도덕을 실행하는 데 무능했기 때문에, 기독교 운동 전체를 한국인들이 어느 정도 불신하게 되었다. 기독교인들은 현대적 개혁을 시작할 기회를 잃어버렸는데, 그것은 크게 정부에 대한 그들의 경험 부족과 한국 전통윤리의 소극적인 수용 그리고 받아들인 기준들을 수행할 능력이 전반적으로 부족했기 때문이었다.

기독교 운동의 주도권을 한국 사람들에게 넘기면서 기독교 운동에 대한 서방의 직접적인 영향력은 계속 감소하고 있었다. 이러한 변화와 함께 일을 처리하는 데 있어서 한국의 전통적인 방법으로 다시 복귀하는 일이 많아졌다. 아직도 한국 기독교 공동체는 기독교적 한국이란 어떠해야 하는지에 대해서 분명하게 제시하지 못하고 있다. 그들은 아직도 기독교의 국가적인 목표를 설정하지 못하고 있고 국가적, 사회적 그리고 철학적 대화에 깊숙이 관여하지 못하고 있다.

미래에는 한국 교회의 독특한 건축양식 발전을 볼 수 있을 것이다. 거기에는 한국 교회 음악의 시작이 있다. 한국 교회의 예배와 결혼, 장례 들은 아직도 서양식을 따르고 있다.

한국 교회는 농촌과 도시 지역에서 광범위하고 튼튼한 조직을 갖추고 있으며, 잘 훈련된 목사들과 지도자들이 꾸준히 증가하고 있다. 그것이 미래에 어떤 방향으로 나갈 것인지는 아직 결정되지 않았다. 아마도 그것은 카리스마적 지도자의 도래를 기다리고 있는지도 모른다.

26
한국 기독교인의 태도

박해와 순교의 역사를 가지고 있는 한국 기독교 공동체는 여러 면에서 1세기의 초대교회와 비슷하다. 기독교인들은 세상으로부터 자신을 분리하려고 한다. 그들은 자기네가 살고 있는 사회와 거의 관계가 없다는 그런 표준을 설정하고 있다. 그들은 복음주의적이고 전도 중심의 접근을 강하게 하는 경향이 있다. 이 세상의 문제에 관여하는 것보다 지옥으로부터 영혼을 구원하는 것에 더욱 역점을 두고 있다.

일제강점기 동안 그들은 이 세상보다는 다음 세상에 더 역점을 두었고, '눈물 골짜기'로 순례의 여행을 떠나는 것이 앞으로 있을 하늘나라의 영광을 위한 것이라는 생각을 가지고 핍박을 견디어냈다. 그들은 기독교인으로서 분명한 표시가 되는 금기조항을 설정했다. 엄청난 수가 기독교인이 되었지만, 그들의 기본적인 삶과 태도는 한국인으로 남아 있다.

흡연은 한국 개신교인들에게 일찍부터 있었던 금기사항이다. 누구든 담배를 피우면 개신교 교단 내에서는 장로나 목사가 되지 못했다. 술 또한 개신교인에게는 강한 금기조항이다.

천주교 공동체에서는 이런 청교도적인 구별이 없어서, 선교사들과 한국인 교인들이 흡연하고 음주하는 일을 항상 허용했다.

일반적으로 한국 개신교인들은, 미국 기독교인들이 성 문제와 공공연한 음주로 드러난 도덕적 해이 때문에 충격을 받았다. 다른 한편, 많은 미국인들이 받는 충격은 대부분의 한국 기독교인들이 상업윤리와 도덕에는 엄격하지 않으면서 아직도 유교윤리를 따르는 것이다. 80년 간의 선교사들의 압력에도 불구하고 한국 기독교인들의 도덕과 윤리의 기준은 주로 전통적 유교 기준과 일치하려는 점이 강하게 남아 있다.

한국인들은 신학적으로 매우 보수적인 경향이 있다. 그들은 보수적, 더 보수적 그리고 가장 보수적으로 분류한다. 한국 천주교 신부들은 개신교 목사들보다 훨씬 더 보수적이다. 이와 같은 경향은 대부분의 개신교인들에게도 그러하다. 개신교 전통의 교회 체계는 자유롭기 때문에 한국인들은 강한 지도자들 주변에 집단으로 모이며 거의 맹목적으로 그 지도자를 따른다. '동등한' 지도자들은 협력하기가 어렵기 때문에, 그들은 추종자들과 함께 탈퇴해서 교회의 분열을 야기한다. 이것은 물론 좋은 전통적 관습이다.

많은 기독교 단체들이 새로 발생하는 다양한 사회문제들에 관여하거나 관심을 갖는 것은 매우 어려운 일이다. 바로 이러한 이유 때문에 정부와 경제 기관, 사회복지 기관에 있는 많은 사람들이 교회를 무시하고 부적절하다고 생각한다. 이와 같이 교회의 비사회적인 태도는 교회를 현대 한국 주류 사회로부터 배제시켜서 결국 교회와 사회 양쪽 모두가 비생산적이 된다.

한국 교회는 교역자와 평신도를 훈련하는 기준을 높이려고 노력하고 있다. 한국의 거의 모든 주요 마을과 도시에는 현재 약간 특이한 기독교 단체가 있다. 외국 선교단체들은 한국 교회 지도자들과 교회의 예산, 정책 그리고 기획 프로그램을 만들기 위해 협력단체에 참여하고 있다.

국제 콘퍼런스에 참여하는 것으로 인하여 많은 교회 지도자들은 세상 물정에 익숙하게 되고 비전을 넓혀 가고 있다. 한국은 교회 구성원들의 세계협의회체들 내에서 잘 설립된, 강한 교회로 자리매김하고 있다. 한국 교회는 동남아 국가들에 선교사들을 보내고 있다. 오늘날 한국 교회는 기독교 토착화운동의 모든 징조들을 보여주고 있다.

27
한국의 서양인들

한국에서 일하고 있는 서양 사람들은 철학적인 원리를 명심할 필요가 있다. 첫째로 서양인은 결코 한국인이 될 수 없다는 것이다. 그는 결코 한국 사람에게 '사람person'으로 완전히 받아들여지지 않을 것이다. 그는 지도자나 유익한 사람으로 바라보는 소수집단의 사람들에게는 받아들여질지도 모른다.

서양인들은 그가 먼저 자신의 철학과 생각, 신념에 진실할 때 가장 존경을 받는다. 자신의 도덕이나 종교적 신념을 타협하는 것은 경멸을 유발할 것이다. 오늘날 대부분의 한국인들은 서양인들이 믿는다고 주장하는 것을 공부해서 알고 있다. 그들은 한국의 규범에 맞지 않기 때문이 아니라 서양인의 표준에 걸맞게 살지 않는 것 때문에 비판을 받는다. 한국인들은 외국인에 대해 사회적으로 큰 잘못들도 많이 너그럽게 받아 준다. 자신의 신념과 규범 때문에 술이나 여자 또는 뇌물을 거절하는 것은 존중을 받는다.

외국인이 자신의 신념이나 규범에 대해 사과한다면 동료 한국인들의 존경심을 잃을 것이다. 한국인들은 도덕적이고 지성적이며 또한 육체적인 힘에 감명을 받고 그것을 현명하고 공정하게 쓰는 방법을 아는 사람에 감명을 받는다. 역설적으로 그들은 외국인에게도 일반 한국인 관리에게 요구한 것 이상으로 높은 도덕과 윤리적 행위를 요구한다.

한국에서 살아남기 위해서는 어느 정도의 상식을 행할 필요가 있다. 한국인이 어른이 되었다는 것은 50%의 영아 사망률에서 살아남았다는 것을 알아야 한다. 그들은 그들 인종 가운데서 가장 강인한 존재들이다. 미국에서는 평균 수명이 1965년에 72세였지만, 한국인들의 경우 대략 45-52세이다. 평범한 한국인의 방식대로 먹고 산다면 오래 살지 못할 것이다. 한국인들이 겪었던 대부분의 혹독한 질병들이 서양인들을 피해 간 것은 아니다. 공공식당에서 요리하지 않은 음식과 끓이지 않은 물은 종종 오염되어 있고 건강에 위험하다.

많은 한국인들이 십이지장충에 의한 만성 빈혈, 회충에 의한 영양실조 그리고 간질증에 의한 간 손상이라는 심각한 상황 속에서 인상적으로 살아남았다고 해서 외국인들도 신체적이고 면역학적으로 이런 질병을 잘 견디어낼 수 있다고 믿을 수는 없다.

많은 서양인들은 한국인들보다 신체적으로 감정적으로 더 빠른 경향이 있다. 한국인들은 더 조용하게 살면서 기생충과 만성 질병의 진행 속도도 늦추는데, 신체적으로 아주 건강한 사회에서는 결코 경쟁하지 않았다. 1964년 한국이 일본 올림픽에서 보여준 것이 코치의 잘못

뿐만 아니라, 내장 기생충에 의해 야기된 신체적인 한계 때문이라는 것은 결코 작은 문제가 아니었다. 서양 국가들에서 헤모글로빈의 평균 수치는 남자의 경우에 혈액 100씨씨당 14.5그램이고, 여자의 경우에는 14.0그램이다. 한국의 경우에 평균은 혈액 100씨씨당 9.0에서 10.0그램 사이였다. 이것은 뇌로 산소를 운반하는 역량이 부족하고 만성적 산소 부족으로 고통을 받는다는 뜻이다. 뇌에서 가운데 위쪽에 있는 의지력과 판단력이 먼저 영향을 받는 반면에 아래에 있는 부분은 남은 산소를 사용한다. 한국에서 많은 문제들은 아마도 오랜 기간 동안 이런 저산소장력底酸素張力이라는 생리적인 결과로까지 추적될 수 있다. 만일 서양인이 신체적으로 손상을 받지 않고 한국을 떠나려면, 음식과 물, 모기 제거와 쓰레기 처리 등에 대한 상식이 있어야 한다.

한국에 오랫동안 거주하는 외국인은 항상 어떤 유혹과 위험을 안고 있는데 그것은 자신의 윤리적 규범을 점차 포기하거나 수정하고, 한국 동료들처럼 되기 위해 그 지역의 규범을 채택하려는 것이다. 재정과 사업 거래 분야에서 특별히 이것은 일어나기 쉽다. 사람들은 결국 그 지역에서는 매우 이국적으로 보이는 도덕적 기준을 지키려는 몸부림을 포기하게 된다.

외국 거주자들이 이러한 가능성을 염두에 두고 한국인을 대하는 데 객관성을 유지하려 하는 것은 좋은 일이다. 왜냐하면 한국인들이 사업을 하는 방법은 가끔 경제적 파탄이나 그들의 공공 매체에 불명예를 가져오기도 하기 때문이다. 서양인들은 한국인들 사이에는 용인되는 관행에서도 빠져나갈 수 없다. 서양인들은 거의 항상 그들 자신의 규

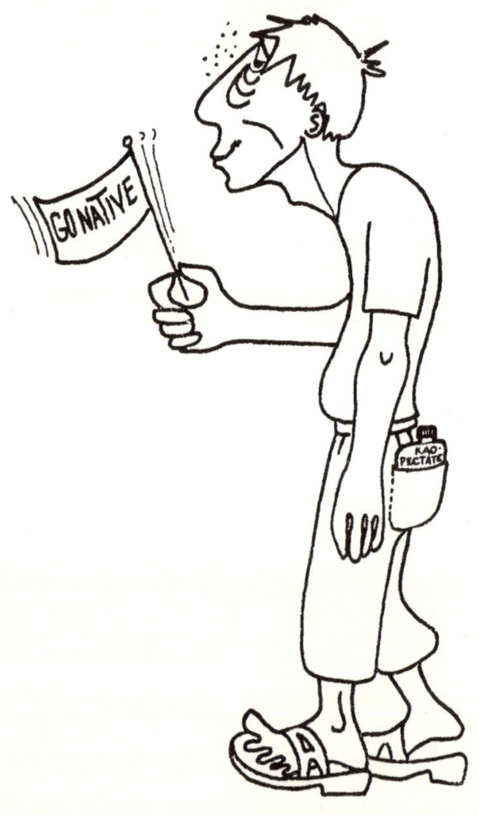

GO NATIVE
KAO-
PECTATE

범을 얼마나 잘 지키느냐에 따라 판단을 받는다. 비록 그런 외국인 규범을 지키려 하지도 않았던 한국인에게서도 비판받기는 마찬가지다. 때로 한국을 떠나 얼마 동안 모국에서 살면서, 무엇이 옳고 그른지에 대해서 그리고 자신의 문화에서 수용될 수 있는 것이 무엇인지를 다시 생각하는 것은 득이 된다. 몇몇 노련한 사람들이 "아주 많은 배^{boat}를 놓친다."는 격언도 있다.

언어를 배울 의향이 있거나 시간이 없는 서양인은 통역을 통해서 배워야 한다. 그러나 그는 대타협을 해야 한다는 것을 알아야 하는데, 그것은 통역이 종종 배우는 사람과는 완전히 다른 준거체계準據體系로 말하기 때문이다. 그래서 생각과 개념의 실제 의사소통은 어렵다. 정부는 자신들의 통역이 그들의 생각과 같은 준거체계로 의사소통을 하기 원한다면 자기네 나라 국민을 뽑아 통역 훈련을 시켜야 한다는 조언을 받을 것이다. 많은 한국인들은 통역이 '자신들의' 사람이 아닌 한, 그 지역 통역을 믿지 말아야 한다는 것을 경험을 통해 알고 있기 때문이다.

한국과 일본의 외교가 정상화되면서 일본어를 말하는 외국인들은 나이가 35세가 넘은 한국인과 대화하는 데 거의 문제가 없다. 이들은 한국어가 허용되지 않는 일본인 학교에서 교육을 받았다. 그들은 기교적인 한국어보다 기교적인 일본어에 더 유창하다. 젊은 한국인들은 일본어를 거의 알지 못한다. 대한민국 초기 역사에서 학생들은 학교에서 일본어를 배우지 않았다. 일본어는 지금도 한국에서 환영받지 못하는 말이며, 한국인에게 사용하려면 미리 양해를 구해야 한다. 그것을 공중연설이나 공식적인 회의에서는 써서는 안 된다. 나이 든 많은 한국인들은 한국어를 못 하는 외국인을 만나는 기회가 있을 때 오래 잠복 되어 있는 일본어를 사용하는 것을 좋아한다.

많은 한국인들은 '지. 아이. 일본어 G. I. Japanese' 에 분개한다. 일본어의 두 단어인 '마마상'과 '파파상'은 한국인들이 특히 싫어한다. 한 미국 대령은 2주 동안 한국에 머물면서 두 개의 한국어를 배웠다고 자랑했 는데 실제로는 일본어인 '닥상(많이)'과 '스코시(조금)'였다. 이를 들 은 한국인들은 그가 한국어의 '많다'와 '적다'를 일본어와 혼돈하고 있는 것을 이해하지 못했다.

한국인들은 일본인들과 비교당하는 것을 좋아하지 않는다. 많은 사 람들은 일본이 경제적으로 성공한 것은 부분적으로 한국전쟁 당시 미 군의 명령으로 일본에 준 경제 활성화 때문이라고 생각한다. 지금도 한국과의 관계를 재개하려는 일본의 의도에 뿌리 깊은 두려움과 불신 이 있다. 아마도 더 근본적인 것은 지도자들에 대한 불신인데 그들이 자신들의 나라를 일본이라는 경제적 제국주의에 팔지도 모른다고 두 려워한다.

한국에 살면서 일하는 서양인이 잘 지내기 위해서는 인간을 인간으 로 대하는 기본적인 존경심을 갖고, 유머감각을 유지하면서, 말을 타 는 것처럼 지프를 운전하는 법을 배워야 한다. 화를 내고, '뚜껑을 열 리게 하는 것' 혹은 한국인과 육체적으로 싸우는 것은 그의 영향력과 생존 능력을 심각하게 손상시키는 일이 될 것이다. 아시아의 어느 묘 지에 있는 비석을 기억하는 것이 도움이 될 텐데 거기에는 다음과 같 이 쓰여 있다. "여기 동방으로 돌진하려 했던 자가 누워 있다."

212

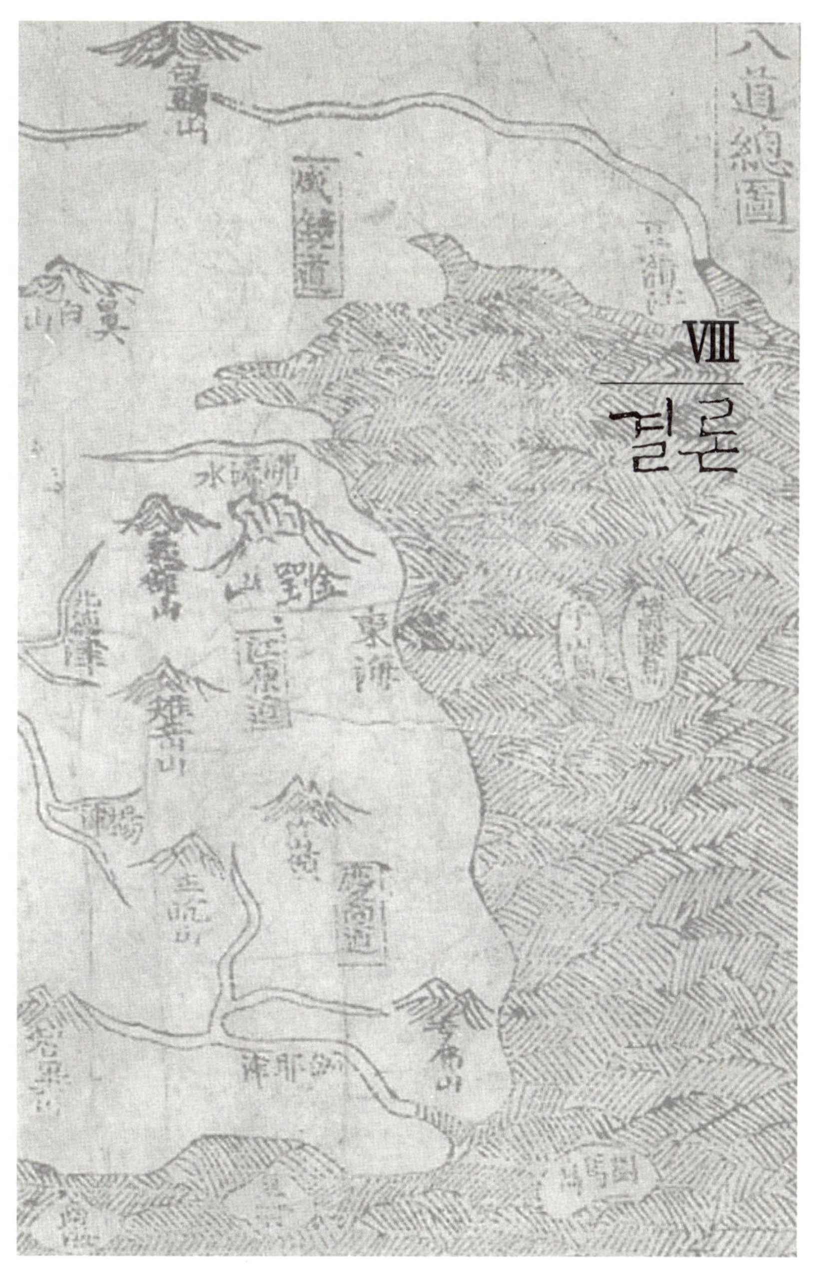

VIII

결론

한국의 전통사상과 행위를 결정해 온 주요 요소들은 다음과 같다. 지정학적 요소는 한국을 종종 인접한 강대국 사이에서 주인 없는 나라로 만들었다. 유교사상이라는 요소는 관계성과 가정, 과거에 대한 존중을 강조하게 했다. 인구과잉이라는 요소는 행동에 있어서 개인의 자유를 거의 허용하지 않았다. 그리고 빈곤이라는 엄연한 현실 요소도 있다. 이러한 요인들은 한국인들 사이에서 삶에 대한 강력한 의지, 인내하는 놀라운 능력, 가정의 선을 위한 개인의 복종 그리고 타인의 감정에 대한 감각적인 본능을 발전시켰다.

그들은 또한 일종의 운명론으로 발전시켰는데 그 결과 많은 사람들이 죽음을 늦추려 하지 않고 오늘만을 위해 사는 경향이 있고, 미래를 위한 계획이나 예방조치를 거의 생각하지 않고 있다. 이런 환경에서 자신의 가족과 씨족 밖에 있는 사람들에 대한 관심이 부족하고 공중도덕심이 결핍되게 되었다. 기관이나 정부에 대한 신뢰가 거의 없고, 충성심은 주로 가족이나 지도자 개인을 향하고 있다.

오늘날 한국은 다양한 면을 가지고 있다. 교육이나 계층에 상관없이 옛 사고방식이 강하게 남아 있다. 도시 지역에서는 많은 사회저 변화가 사회의 여러 계층에서 일어나고 있다. 성도덕에 대한 전통적인 엄격함은 서양 영화와 미군 병사들의 행동 등 타 문화와의 접촉 증가로 인해 점차 변화되고 있다.

도시와 읍내에 있는 젊은이들은 패션 잡지나 영화에서 본 최신 유행을 따라 옷, 헤어스타일을 좇고 화장을 한다. 기독교는 개인, 특히 여성에 대한 새로운 가치관을 소개했다. 서양식 사고방식의 피상적인 겉치레 때문에 많은 사람들의 외적인 모습이 바뀌었다. 이런 서양의 옷과 관습의 겉치레 때문에 몇몇 서양인들은 속사람도 변했다고 착각한다. 신앙심이 깊은 몇몇 사람들과 해외에서 고등교육을 받은 몇몇 사람들을 제외한 사람들 중 비교적 극소수만이 사고방식과 행동이 실질적으로 바뀌었다. 비록 기독교인들이라 할지라도 기독교 교리와 기독교 윤리 사이에 간격이 있다. 많은 한국 기독교인들은 그들의 태도와 행위에서 기독교인이라고 하기보다는 실제로는 유교도이다.

한국인들은 도덕적인 면에서 서양 국가들과는 다른 분위기 속에 살고 있기 때문에 외국인들에게는 그들이 비도덕적인 것으로 보인다. 그러나 행해지는 윤리는 유교윤리의 변형이다. 불교윤리는 변형되어 왔고, 기독교 윤리도 한국식에 더 가깝게 수정되도록 강력한 압박을 받고 있다. 미래가 과거의 개선이라고 믿는 한국인들은 거의 없다. 많은 사람들이 '발전'이라는 것에 회의적이며 한국에서 그런 일이 가능하다는 것을 의심한다. 유토피아의 비전을 가진 사람도 성취되리라는 믿음이 거의 없다.

구식을 버린다는 것은 쉬운 일이 아니다. 현대 도시에 의해 야기된 엄청난 삶의 변화와 함께, 과거의 것 중 지켜야 할 것이 무엇이고, 수정되어야 하는 것이 무엇인지를 결정하는 것은 한국인들에게 있어서 실제적인 문제이다. 현대 한국인을 위한 표준을 설정하지 못하고 있다. 언어 문제(한글로 표기할 것인지 한자를 쓸 것인지)든, 의상, 예절, 사업윤리, 정부 표준, 일의 성과成果 혹은 종교 등에 있어서 현대 한국인을 위한 목표와 표준이 분명하게 설정되지 못하고 있다.

나라의 미래가 다음 10년 혹은 20년 후에 어떻게 될 것인가에 대한 소망의 비전을 가지고 있는 한국인은 거의 없다. 한국에서의 상황, 즉 고려하고자 하는 거의 모든 분야에서의 상황은 유동적이고 매우 불안정하다. 지금이야 말로 큰 기대의 시대이다. 철학과 윤리, 경제, 과학, 종교에서 강한 지도력이 요청되는 때이다. 이러한 강력한 지도력이 이제 한국에서 나타나야 한다.

서양이 한국인들의 전통적인 태도로부터 배울 것이 많이 있다. 나이든 어른들에 대한 전통적인 한국인의 존경심은 늙은이들을 흔히 양로원에 제쳐 놓은 문화와는 대조를 이루는데 한국인들의 시각에서 이러한 행위는 죄악이다. 여성에 대한 엄격한 성도덕과 학창시절에 성에 대한 지나친 강조로부터 소녀들을 보호하는 것은 젊은 서양 소녀들의 지나친 성적性的 경쟁, 도덕성의 해이 그리고 서방 국가들의 높은 이혼

율 등과 대조를 이룬다. 한국에서 성에 대한 청교도적 접근은 수천 년 동안 가정과 가족 조직을 보존해 왔다. 이러한 것들이 부주의해서 없어지기 전에 한국인들은 국가의 선을 위해 이 미덕들을 잘 재음미해야 할 것이다.

한국인들은 배움과 학구적 성취를 크게 존중한다. 그들은 학자를 사회의 최정상에 놓는다. 그들은 젊은이들에게 교육에 대해 커다란 동기부여를 한다. 한국 학생들이 학교에서 보내는 긴 시간이 서양 아이들을 부끄럽게 한다. 교육은 거의 모든 한국인에 의해 매우 진지하게 받아들여지고 있다.

한국인들은 손님 접대와 겸손으로 유명하다. 개인 상호간의 관계에서 이와 같이 타인에 대한 세심한 배려는 사회를 우아하고 너그럽게 하여 사람들이 아주 큰 매력을 갖게 한다. 아무리 가난한 집이라 할지라도 대문에 들어서는 방문객을 따뜻하게 맞이하고 간단한 음료를 제공한다. 손님은 그날 밤 묵고 가라는 권유를 받는다. 왜냐하면 다음날 여행하는 동안 더 많은 행운이 있을지도 모르기 때문이다. 사람들을 기쁘게 하는 능력은 대부분의 한국인들이 가지고 있는 특별한 재능이다. 그들의 생각에 개인적인 관계는 어쩌면 가장 중요하게 고려되는 것이다.

체면이 걸려 있으면 개인적인 거래에서 강력한 책임감과 진실성이 따르게 된다. 만일 한 개인이 사소한 장비라도 책임을 지면 생명을 걸고 지킨다. 명백한 책임감과 개인적 관계성이 분명하지 않게 되면, 책임의식은 존재하지 않는다. 그리하여 분실과 절도가 종종 일어난다.

공공장소나 공동체에 유의한다는 생각은 거의 없다.

한국에서 가정에 대한 강력한 충성심을 살펴보자. 가족 체계의 내적 안정이란 가족의 지지를 받으면서 인생의 풍랑으로부터 피난처를 얻을 수 있다는 것을 의미한다. 한국 어린이들 중에는, 소아과 진료실을 방문하는 서양 어린이들의 많은 문제들에 비하면 성격적인 문제가 거의 없다. 그들은 자라면서 어머니의 따뜻한 등을 올라타고, 어머니의 젖을 빨며, 외로운 어두운 방에 혼자 버려지지 않는다는 것을 안다. 아이는 가족과 함께 안전하게 잠든다. 가족 단위는 개인보다 더 중요하다. 결정들은 오직 단독 구성원의 이익보다는 가정의 이익을 위해 이루어진다. 서양의 가정생활은 한국의 가정으로부터 배울 것이 많다.

타고난 지성과 빠른 두뇌회전은 한국에서 일상적으로 발견할 수 있는 핵심 자산이다. 이곳은 육체적이고 정신적으로 가장 잘 적응하여 생존하려면 주의를 게을리 하지 말아야 하는 사회이다. 비교적 열악한 기본교육을 하는, 초만원의 교육제도 때문에, 이러한 자산은 자만심을 갖게 하고 충분한 계획이 없이 노력만 하게 한다. 되지 않는 일을 하게 한다. 겉치레가 많은 한국인들이 가지고 있는 문제점이다.

한국인들은 아일랜드 사람들과 닮았다고 말들 하는데 그들처럼 음악을 좋아하고, 소박한 유머, 재치, 급한 성격 그리고 강한 자존심을 가지고 있다. 그들은 쌀을 먹고 조상을 숭배한다는 점에서 미국 사우스캐롤라이나의 찰스턴 사람들과 비교된다.

한국은 이제 자유세계 공동체의 일원이라는 것을 인식하는 것이 중요하다. 한국의 전통은 서구 나라들에서 고등교육의 전부 혹은 일부를 받고 귀국한 한국인들에 의해서, 기독교의 영향에 의해서 그리고 한국 및 전 세계에서 한때 은둔의 나라라고 일컬어졌던 한국과 외국인의 빈번한 접촉에 의해서 강한 영향을 받아 수정되고 있다. 유교 유산의 최상과 융합된, 그리스적-유대교적-기독교적 사상들의 영향이 현대 사회로 발전할 수 있는 기초로 놓여, 성실성, 과학적 사고, 사회의식 그리고 나라의 발전에 대한 건전한 신념이 한국의 특징이 되기를 희망한다.

한국이 만 년 동안 이어지기를! 만세!

八道總圖
咸鏡道
白頭山
白翼山
佛影山
水綠山
金剛山
東海
江原道
榛木山
慶尙道
太白山
容昌山

한국의 속담과 격언

어느 민족이 사용하고 있는 이상적인 삶의 지침을 알기 위해서는 간결한 속담 일부를 검토해 보는 것이 도움이 된다. 이를 통해 그 민족이 옳고 적절한 것으로 받아들이는 것이 무엇인지를 알 수 있다. 여기에 흔한 속담들 중 일부를 그에 해당하는 영어와 함께 제시한다.

Though you bury a dog's tail for three years it will not develop weasel's fur.

개 꼬리 삼 년 묻어도 황모가 되지 못한다. (Or, in English, one cannot make a silk purse out of a sow's ear.)

Make a needle into a pestle.

침소봉대針小棒大. (To make a mountain out of a mole hill.)

A small beginning can make a great ending.

적소성대積小成大.

Many mole hills make a great mountain.

티끌 모아 태산塵合泰山.

After the march the trumpet sounds.

행차 이후에 나팔(원님 행차 뒤에 나팔 분다.) (Or, to lock the door after the

horse is gone.)

Trouble is the seed of joy.

고통苦痛은 낙樂의 씨앗이다.(고통은 즐거움의 씨앗이다.)

If you find the way in the morning and die that evening, all is well.

조문도朝聞道면 석사夕死라도 가可이다.(아침에 도를 듣고 이를 실천하다가 저녁에 죽는다 해도 좋다. "논어")

If you sin against heaven there is no place to pray.

속죄어천이면 유소도이다.("논어", "획죄어천獲罪於天이면 무소도야無所禱也이니라."의 잘못. 하늘에 죄를 지으면 빌 곳도 없다.)

Just one li off the road will become a thousand li.

호리지차가 천리지유리.("호리지차毫釐之差가 천리지류자야千里之謬者也라."의 잘못. 아주 작은 어긋남이 천리의 잘못이 되는 것이다.) (Or, a miss is as good as a mile.)

The secret of happiness is health, wealth, and many sons.

수부귀다남壽富貴多男.(오래 삶, 부유함, 높은 벼슬에 오름, 아들이 많음)

To this Mencius replies, health is hard work, wealth is much trouble, and many sons mean many worries.

맹자답 수는 다노요 부는 다사요 다남은 다구라.(맹자답孟子答 수壽는 다노多勞요 부富는 다사多事요 다남多男은 다구多懼라. 맹자가 답하기를 오래 삶은 수고로움이 많고 부유함은 일이 많으며 아들이 많음은 근심이 많으니라.),

Power lasts ten years influence not more than one hundred.

권權은 십 년十年이요, 세歲는 백 년百年이라.

I wished for this world's glory, but it is only a short dream.

세상 영광 바랐더니 일장춘몽一場春夢이다.(세상 영화 바랐더니 한바탕의 봄꿈이

더라.)

Lift it or raise it is all the same.

둘러치나 메치나 일반.

One near ink gets black.

근묵자흑近墨者黑이라.(먹을 가까이 하면 검어진다.)

To begin is half the job.

시작이 반이라.

Righteousness will finally conquer.

정의正義는 필승必勝이라.

Flowers will bloom again, but a man never regains his youth.

화유중개일花有重開日이나 인무갱소년人無更少年이라.(꽃은 다시 피는 날이 있지만 사람은 다시 소년이 되지 않는다.)

He who steals a needle will become a cow thief.

바늘 도둑이 소 도둑 된다.

Ask the east, answer from the west.

동문서답東問西答. (An irrelevant reply.)

It takes a tall mountain to cast a long shadow.

높은 산이라야 그늘이 깊다.

A successful evil-doer is a dragon, born out of a ditch, who has reached great heights.

시궁창(개천)에서 용이 났다.

Thunder out of a clear sky refers to unexpected trouble.

청천벽력靑天霹靂.

Beating a drum in a cow's ear expecting him to dance compares in english to throwing pearls before swine.

우이독경牛耳讀經.(쇠귀에 경 읽기)

Can there be smoke from a fireless chimney?

아니 땐 굴뚝에서 연기 나랴.

Though he tries a hundred takes, he never succeeds.

백사불성百事不成.(모든 일이 이루어지지 않음.)

The Yellow River is never clear in a hundred years.

백년하청百年河淸.(백년이 지나도 중국의 황하는 맑아지지 않는다.)

Though chased by a tiger, If one gathers his wits, he may live.

호랑이에게 물려가도 정신만 차리면 혹 살 수 있다.

Who will tie a bell to a cat? (allows the mice to live)

고양이 목에 누가 방울을 달까?

There cups to the dead are not equal to one to the living (parent).

죽어 삼 배가 살아 일 배만 못하다.(부모 죽은 뒤에 제상에 올린 석 잔의 술이

살아 계실 적에 올린 한 잔의 술만 못하다.)

A righteous man never gets rich.

의인불부義人不富.(의로운 사람은 부유하지 않다.)

If it is not polite, then don't say it.

비례불언非禮不言.(예가 아니면 말하지 않는다.)

Though I deceive my mind in the dark, God's eye is like lightning.

암실暗室 기심欺心이면 신목神目이 여전如前이라.(어둠 속에서 내 마음을 속일 수 있

을지라도 신의 눈이 앞에 있는 것과 같다.)

Came to comfort, become a burden.

위문慰問이 폐문弊問이 된다.(위문한다고 한 것이 오히려 폐를 끼친 것이 된다.)

His beginning and end are the same (a dependable man).

시종여일始終如一.

Immeasurable emotion is both bitter and sweet.

감개무량感慨無量.

  이와 같이 한국에서 잘 알려져 있는 속담들은 지혜에 대한 똑같은 생각
과 진수가 동서 문학과 전승에서 동시에 발견된다는 사실을 지적하는 데
도움이 된다. 여기에는 하나님의 현존, 인간의 덧없음에 대한 포용, 도덕
적 미덕의 인정 그리고 이상적 인간상이 들어 있다.

음력

음력은 고대로부터 동양에 널리 사용되어 왔다. 정부가 서양에서 사용하는 캘린더를 채택했지만 음력은 아직도 대부분의 한국인들이 사용하고 있다. 그래서 많은 사람들이 두 달력의 공휴일들을 다 지키고 있다. 매월 음력 15일은 만월이다. 어떤 달은 28일도 있고, 29이나 30일도 있다. 매 삼 년마다 '윤달'이라고 부르는 한 달이 덤으로 첨가된다. 각 해의 이름은 십간十干 십이지十二支의 한자어의 합성으로 된다. 십간은 10개의 기본 글자이며, 십이지는 12자로 되어 있다. 이 조합으로 된 매 60년이 지나면 다시 순환을 시작하기 위해 되돌아간다. 그래서 사람이 60년을 마치면 그는 다시 돌아가 '환갑還甲'을 맞는데, 이 뜻은 새로운 순환을 시작한다는 것이다. 10개의 천간天干 글자와 12개의 지지地支 글자는 228-229쪽에 올려놓았다. 보다시피 위쪽 행에서 10년 끝이 되면 위쪽 행의 글자는 순환하는 첫 글자로 돌아간다. 그러나 밑의 행의 12글자는 이로부터 2년이 더 지나야 순환하는 첫 글자로 돌아온다. 그래서 60개의 조합을 취해야 드디어 원래 조의 첫 두 글자가 된다.

위쪽 행에 있는 10개의 상징은 천간天干, 즉 하늘의 특징들이고 아래 쪽 행에 있는 12궁도의 상징은 지지地支, 즉 땅의 특징들이다. 그래서 일 년은 하늘과 땅의 원소들로 만들어졌다. 시간 역시 24시간을 두 시간 단위로 나누어서 12지에 따라 구분한다. 이것은 다음 장에서 보겠지만, 생일,

결혼, 장례 등 때의 적합성을 결정하는 데 매우 중요하다. 각 해의 이름을 알아내는 것은 쉬운데 예를 들면, '갑자^{甲子}'는 1924년이었다. 이것은 쥐의 해이다. 다음 1925년은 '을축^{乙丑}'으로 소의 해이다. 내려가서 1933년은 '계유^{癸酉}'이고 닭의 해이다. 1934년은 '갑술^{甲戌}'이고 개의 해이며, 1935년 은 '병자^{丙子}'가 따르고 다시 쥐의 해이다. 이리해서 사람들은 자기의 손가락을 가지고 셈을 해서 그가 태어난 해를 앎으로써 나이를 알아낼 수 있다. 흔히 묻는 질문에 "나이가 몇입니까?"에 대한 전통적인 대답은 난 해의 이름을 가르쳐 주어서 몇 살이나 되었는지 묻는 사람이 찾아내게 하는 것이다. 이것은 소녀들에 대한 좋은 말대꾸가 되는데, 특히 현대 한국 젊은이들은 이 60갑자를 배우지 않아 어떻게 쓸 줄 모르기 때문이다. 이 문제를 더 캐묻는 것은 부끄러운 일이 될 수 있을 것이다.

(229과 230쪽에 조견표로 완전한 60갑자를 적어 놓았다.)

	1	2	3	4	5	6
Heaven	Kap	Ŭl	Pyŏng	Chŏng	Mu	Ki
천 간	갑	을	병	정	무	기
天 干	甲	乙	丙	丁	戊	己
Earth	Cha	Ch'uk	In	Myo	Chin	Sa
	Rat	Cow	Tiger	Rabbit	Dragon	Snake
지 지	자	축	인	묘	진	사
地 支	子	丑	寅	卯	辰	巳
Time	23:00–1:00	1:00–3:00	3:00–5:00	5:00–7:00	7:00–9:00	9:00–11:00

	7	8	9	10	11	12
Heaven	Kyŏng	Sin	Im	Kye		
천 간	경	신	임	계		
天 干	庚	辛	任	癸		
Earth	Oh	Mi	Sin	Yu	Sul	Hae
	Horse	Sheep	Monkey	Chicken	Dog	Pig
지 지	오	미	신	유	술	해
地 支	午	未	申	酉	戌	亥
Time	11:00-13:00	13:00-15:00	15:00-17:00	17:00-19:00	19:00-21:00	21:00-23:00

60갑자(A Sixty-Year Cycle)

A.D.	1924	1925	1926	1927	1928	1929	1930	1931	1932	1933
Tanki	4257	4258	4259	4260	4261	4262	4263	4264	4265	4266
Taisho	14	15	Showa 1	2	3	4	5	6	7	8
Kan	Kap	Ul	Pyŏng	Chŏng	Mu	Ki	Kyŏng	Sin	Im	Kye
Chi	Cha	Ch'uk	In	Myo	Chin	Sa	Oh	Mi	Sin	Yu
Zodiac	rat	cow	tiger	rabbit	dragon	snake	horse	sheep	monkey	chicken
Chinese	甲子	乙丑	丙寅	丁卯	戊辰	己巳	庚午	辛未	壬申	癸酉
Korean	갑자	을축	병인	정묘	무진	기사	경오	신미	임신	계유
A.D.	1934	1935	1936	1937	1938	1939	1940	1941	1942	1943
Tanki	4267	4268	4269	4270	4271	4272	4273	4274	4275	4276
Showa	9	10	11	12	13	14	15	16	17	18
Kan	Kap	Ul	Pyŏng	Chŏng	Mu	Ki	Kyŏng	Sin	Im	Kye
Chi	Sul	Hae	Cha	Ch'uk	In	Myo	Chin	Sa	Oh	Mi
Zodiac	dog	pig	rat	cow	tiger	rabbit	dragon	snake	horse	sheep
Chinese	甲戌	乙亥	丙子	丁丑	戊寅	己卯	庚辰	辛巳	壬午	癸未
Korean	갑술	을해	병자	정축	무인	기묘	경진	신사	임오	계미
A.D.	1944	1945	1946	1947	1948	1949	1950	1951	1952	1953
Tanki	4277	4278	4279	4280	4281	4282	4283	4284	4285	4286
Showa	19	20	21	22	23	24	25	26	27	28

Kan	Kap	Ul	Pyŏng	Chŏng	Mu	Ki	Kyŏng	Sin	Im	Kye
Chi	Sin	Yu	Sul	Hae	Cha	Ch'uk	In	Myo	Chin	Sa
Zodiac	monkey	chicken	dog	pig	rat	cow	tiger	rabbit	dragon	snake
Chinese	甲申	乙酉	丙戌	丁亥	戊子	己丑	庚寅	辛卯	壬辰	癸巳
Korean	갑신	을유	병술	정해	무자	기축	경인	신묘	임진	계사

A.D.	1954	1955	1956	1957	1958	1959	1960	1961	1962	1963
Tanki	4287	4288	4289	4290	4291	4292	4293	4294	4295	4296
Showa	29	30	31	32	33	34	35	36	37	38
Kan	Kap	Ul	Pyŏng	Chŏng	Mu	Ki	Kyŏng	Sin	Im	Kye
Chi	Oh	Mi	Sin	Yu	Sul	Hae	Cha	Ch'uk	In	Myo
Zodiac	horse	sheep	monkey	chicken	dog	pig	rat	cow	tiger	rabbit
Chinese	甲午	乙未	丙申	丁酉	戊戌	己亥	庚子	辛丑	壬寅	癸卯
Korean	갑오	을미	병신	정유	무술	기해	경자	신축	임인	계묘

A.D.	1964	1965	1966	1967	1968	1969	1970	1971	1972	1973
Tanki	4297	4298	4299	4300	4301	4302	4303	4304	4305	4306
Showa	39	40	41	42						
Kan	Kap	Ul	Pyŏng	Chŏng	Mu	Ki	Kyŏng	Sin	Im	Kye
Chi	Chin	Sa	Oh	Mi	Sin	Yu	Sul	Hae	Cha	Ch'uk
Zodiac	dragon	snake	horse	sheep	monkey	chicken	dog	pig	rat	cow
Chinese	甲辰	乙巳	丙午	丁未	戊申	己酉	庚戌	辛亥	壬子	癸丑
Korean	갑진	을사	병오	정미	무신	기유	경술	신해	임자	계축

A.D.	1974	1975	1976	1977	1978	1979	1980	1981	1982	1983
Tanki	4307	4308	4309	4310	4311	4312	4313	4314	4315	4316
Kan	Kap	Ul	Pyŏng	Chŏng	Mu	Ki	Kyŏng	Sin	Im	Kye
Chi	In	Myo	Chin	Sa	Oh	Mi	Sin	Yu	Sul	Hae
Zodiac	tiger	rabbit	dragon	snake	horse	sheep	monkey	chicken	dog	pig
Chinese	甲寅	乙卯	丙辰	丁巳	戊午	己未	庚申	辛酉	壬戌	癸亥
Korean	갑인	을묘	병진	정사	무오	기미	경신	신유	임술	계해

단기(*Tanki*): 한국 달력은 단군의 출생에서 시작하는 한국 달력. 간(*Kan*): 하늘의 특징들인 천간
대정(*Taisho*): 대정 천황의 통치 첫해에서 시작하는 일본 달력. 지(*Chi*): 땅의 특징들인 지지
소하(*Showa*): 소하 천황의 통치 첫해에서 시작하는 일본 달력.

점치기

결혼 계약을 완성하기 전 조상들이 '귀족 혈통'인지를 검사하는 다른 나라 문화처럼, 한국에서도 적절한 결혼 배우자와 결혼의 길일이나 또는 장례식이나 여행을 떠나려 하는 중요한 날을 택할 때는 점쟁이를 찾아간다. 예를 들어 장례식 같은 것은 죽은 후 3일, 5일, 7일 또는 11일이 적절한 날이다. 사람들은 도움이 된다고 할지라도 그 사이에 있는 날에 장례식을 하지 않는다.

생시(時), 생일, 생월, 생년에 기초하여 복잡한 계산법이 발전했다. 각각의 이 결정요소들은 한국에서 사용하는 12지의 동물 상징의 특성과 연관되어 있다. 만일 이 궁합이 안 맞으면 약혼이나 결혼 계획은 취소된다. 왜냐하면 결과가 안 좋을 것이라는 운명이면 행복과 성공은 거의 따라오지 않기 때문이다.

딸이든 아들이든 혹은 양쪽 모두이든 행운이나 불운이 되는 어떤 탄생의 시간이 있다. 일반적으로 말하면 중매할 때, 작은 동물로 상징이 되는 시간에 태어난 사람은 다른 작은 동물로 상징되는 시간에 태어난 사람과 중매해야 된다. 큰 동물로 상징된 시간에 태어난 사람은 큰 동물로 상징되는 시간에 태어난 사람과 중매를 선다. 작은 동물의 시간은 크고 공격적인 동물의 시간과 맺어 주면 안 되고 그 반대도 마찬가지이다.

이런 문제에 관한 많은 책들이 한국에 있는데 그중 인기가 있는 것은 이지함(1517-78)이 처음 쓴 책인 것 같다. 그는 '토정'이라는 '호' 혹은 가명으로 썼다. 이 책은 흔히 '토정비결'이라고 한다. 이 책은 김혁제金赫濟에 의해 편찬되고 출판되었는데 그 제목은 "송정토정비결松亭土亭秘訣 12삭운朔運 월별길흉月別吉凶"이다. 구체적인 예는 계산법을 설명하기 위해 이 책에서 따온 것이다.

결혼 대상자의 적절성과 운명에 대한 기초로서 처음 결정해야 하는 것은 세 개의 기본적인 숫자이다. 이 기본적인 세 숫자는 밑에 열거한 보기처럼 계산한다. 보기에서 이 숫자가 결정되면, 행운과 적절성과 각 숫자의 12지궁支宮이 그 점괘와(예상과) 함께 열거된 토정비결을 참고해야 한다.

첫째 번 기초 숫자(상수) = 나이 수와 점을 보고가 하는 해의 간지 곧 태세수太歲數를 합하여 8로 나눈 뒤, 나머지 수.
(*태세수는 점을 보고자 하는 해의 간지에 해당하는 수)

둘째 번 기초 숫자(중수) = 생월에 해당하는 수(큰달 30, 작은달 29)와 + 점을 보고자 하는 해의 월건수를 합하여 6으로 나눈 뒤, 나머지 수.
(*월건수는 점을 보고자 하는 해의 생월에 해당하는 간지의 수)

셋째 번 기초 숫자(하수) = 생일 숫자와 점을 보고자 하는 해의 일건수를 합하여 3으로 나눈 뒤, 나머지 수.
(*일건수는 점을 보고자 하는 해의 생일에 해당하는 간지 수)

이 세 개의 기초 숫자의 총합이 운을 보기 위한 책의 쪽수이다.

하루는 두 시간 간격으로 12회 나눠진다. 각 간격은 12지 동물의 특성을 갖는다. 생시를 기록하는 것은 아주 중요하다. 왜냐하면 그로부터 미래의 중요한 계산이 만들어지기 때문이다. 어떤 특정한 시간에 태어나는 것이 그 사람의 미래의 행운과 적절한 결혼 배우자를 결정한다.

시 간	동 물	점 괘
23:00 - 01:00	쥐	행복한 생시, 다른 사람을 사랑함.
01:00 - 03:00	소	불행한 생시.
03:00 - 05:00	호랑이	강하게 된다. 종창과 같은 신체적인 흠이 있음. 이런 종창은 축복.
05:00 - 07:00	토끼	불행, 인생에 실패하기 쉬움.
07:00 - 09:00	용	강하게 됨.
09:00 - 11:00	뱀	영리하고 좋은 학생이 됨.
11:00 - 13:00	말	출생하는 가장 좋은 시간, 남·녀 간에 하늘의 축복을 받음.
13:00 - 15:00	양	쉼이 없고 방황함.
15:00 - 17:00	원숭이	불행하고 외로운 인생.
17:00 - 19:00	닭	영리하고 글을 잘 씀.
19:00 - 21:00	개	불행하고 몸에 흉터를 갖게 됨.
21:00 - 23:00	돼지	장수하고 복되게 삶.

결혼 중매에서 어느 한쪽의 기초 숫자 세 개가 쥐 + 닭 + 뱀을 뜻하는 것이 되면 분명 잘못된 중매이다. 그런 결혼은 결코 성공할 수 없다. 그러나 반면 소 + 말 + 쥐면 아주 좋은 짝이다.

여자들에게 백말띠 해는 불운의 해로 믿고 있다. 일본인들은 이 해를 여자 아이가 태어나는 해로는 아주 나쁜 해로 여기며 이런 해에 여아가 태어나면 안 되기 때문에 출산을 막기 위해 자주 유산을 시킨다. 한국인들은 그렇게 강력하지는 않지만 그것을 불행하게 생각하고, 이런 해에 여자 아이가 태어나는 것을 약간 비극으로 생각한다. 그러나 남자 아이에게는 좋은 해이다. 그들은 활동적이고 선량하다.

원숭이의 해에 태어나는 것은 좋지 않다. 그는 형제가 없고 외롭게 살며 실패할 가능성이 있다. 용의 해는 여자에게는 안 좋지만, 남자에게는 좋은 해이다. 호랑이의 해는 남아에게는 좋지만 여아에게는 나쁘다. 한편 쥐의 해는 여아에게는 좋지만, 남아에게는 나쁘다. 남녀 간에 생시로 봐서 가장 좋은 때는 말(午) 시時이고, 가장 나쁜 생시는 토끼(卯) 시時이다. 이와 같이 사람의 운명은 크게 출생의 시時, 일日, 연年에 의해 결정된다. 산부인과 의사들은 메모해 둘 만하다!

음력의 특별한 날들

1967년의 음력과 양력 날짜들

1:1   설(구정^{舊正})

(2:9)   구정에는 어른들과 부모에게 큰절을 한다. 새 옷을 입고 목욕을 한다. 그들은 '윷'놀이를 하는데, 작은 나무토막을 반으로 쪼개서 주사위 대신 던지는 놀이로 평평한 판이나 둥근 판을 깔고 거기에 던지는데, 계수판 위로 윷에서 나온 숫자를 따라 말을 쓴다. 어린 소년들은 막대기에 멘 천 조각으로 팽이를 친다. 나이 든 사내들은 연을 날린다. 이날은 언제 태어났던 간에 모든 사람의 생일이다.

1:11   우수^{雨水}

(2:19)   봄비가 온다.

1:15   대보름 또는 망월^{望月}

(2:24)   대보름달. 상대방의 이름을 부르고 '내 더위'라고 말한다. 그러면 그들은 오는 여름에 그들 대신 더위를 먹게 된다. 당신이 상대방의 이름을 부르고 만일 그가 대답하면 당신의 더위를 그에게 파는 것이다.

처녀들은 빨리 결혼하게 해달라고 달에게 빈다.

부인들은 아들 낳게 해달라고 달에게 빈다.

오곡밥을 먹는다. 조, 팥, 수수, 불콩, 찹쌀, 밤, 대추, 잣, 은행 그리고 설탕이다.

귀가 먹지 말라고 술을 마신다.

그날 하루 동안에 열두 집을 다니며 얻어먹는다.

1:26　　경칩驚蟄

(3:6)　　동물들이 겨울잠을 끝낸다.

2:11　　춘분春分

(3:21)　　봄 주야 평분점(밤 낮 길이가 같은 날).

2:26　　청명淸明

(4:5)　　벼 묘판을 준비하는 때.

2:27　　한식寒食

(4:6)　　찬밥을 먹는 날. 이전 왕조 때의 뛰어난 애국자 악비▪가 새 황제의 부름에 응답하지 않았을 때 중국 황제에 의해 내려진 칙령. 그는 새 왕을 섬기고 폐위된 왕에게 불충하는 것보다 차라리 산으로 들어가 숨는 것이 났다고 생각했다. 황제는 악비가 숨은 산을 태워서 그가 나와 왕을 섬기기를 바랐는데 악비는 그곳에 남아서 타 죽었다. 황제는 이 충성을 보인 것에 감명을 받아 아무도 이날에는 불을 피우거나 따뜻한 음식을 먹어서는 안 된다는 칙령을 내렸다. 악비는 충성의 상징이 되었다.

3:12　　곡우穀雨

(4:21)　　곡물들을 자라게 하는 비.

3:27　　입하立夏

(5:6)　　윤달에 있는 여름의 시작.

▪ 전통적인 한식에 대한 전설은 악비(岳飛: 남송 시대의 무장)가 아니고, 중국 진나라의 문공 밑에 있던 개자추(介子推)라고 알려져 있다. ― 옮긴이

4:8   사월 초파일^{四月 初八日}

(5:16)   부처의 생일.

4:14   소만^{小滿}

(5:22)   달이 커지기 시작함.

4:29   망종^{芒種}

(6:6)   땅은 따뜻해지고 곡식은 영근다. 이때 보리를 수확하지 않으면 안 된다. 그렇지 않으면 망친다.

5:5   단오절^{端午節}

(6:12)   여인들이 그네를 뛰고 머리를 까맣게 물들인다. 남자들은 씨름을 하고 줄다리기를 한다.

5:15   하지^{夏至}

(6:22)   낮이 가장 긴 날, 중하^{仲夏}.

6:1   소서^{小暑}

(7:8)   여름의 작은 더위.

6:8   초복^{初伏}

(7:15)   첫 더위. 개의 날. 사람들은 냉면과 보신을 위해 개고기를 먹는다.

6:16   대서^{大暑}

(7:23)   큰 더위의 기간, 주로 더운 기후의 두 주 동안.

6:18   중복^{中伏}

(7:25)   중간 더위, 사람들은 개고기와 냉면을 먹으며 목욕을 한다.

7:3   입추^{立秋}

(8:8)   가을의 시작.

7:7   칠석^{七夕}(칠일 저녁)

(8:12)   이날 날씨는 언제나 비가 오거나 흐리다. 그 이유는 오랜 옛날에 직녀^織

女라는 이름을 가진 공주가 견우牽牛라는 젊은이를 만나서 사랑에 빠졌다. 직녀의 아버지는 아무리 해도 그것을 받아들일 수가 없어서 그들을 동쪽과 서쪽으로 떼어 놓았다. 그녀는 울면서 먹는 것을 거절했다. 드디어 그녀의 아버지가 마음이 누그러져서 일 년에 한 번 7월 7일에 만나는 것을 허락하였다. 그들이 만나러 오자 큰 강이 가로막혀 있는 것을 알았다. 까치와 까마귀들이 이 두 사람을 불쌍히 여겨서 두 사람이 건너가서 만날 수 있도록 몸으로 다리를 놓아 주었다. 그들이 눈물로 헤어질 때 동정하는 비가 오고, 지친 새들은 강에 빠져 죽었다. 지금 연인들의 이름을 지닌 별들 역시 매 해 이날 만나고 헤어진다. 절에서는 이날의 만남과 헤어짐을 기념하기 위해서 특별 행사를 갖는다.

7:9 말복末伏

(8:14) 여름의 마지막 더위.

7:19 처서處暑

(8:24) 더운 날씨의 끝.

8:5 백로白露

(9:8) 흰 서리.

8:15 추석秋夕

(9:18) 전라도 여자들은 원형으로 도는 춤 '강강술래'를 춘다. 여인들은 옷감 짜는 시합을 하고, 남자들은 활쏘기와 사냥을 한다. 모든 사람은 새 옷을 입고 조상의 무덤에 성묘한다.

8:21 추분秋分

(9:24) 밤낮의 길이가 같은 가을.

9:6 한로寒露

(10:9) 찬 서리.

9:21 상강霜降

(10:24) 서리가 내림.

10:7 입동立冬

(11:8) 겨울 혹은 결빙의 시작.

10:22 소설小雪

(11:23) 작은 첫눈.

11:7 대설大雪

(12:8) 2주간의 눈.

11:21 동지冬至

(12:22) 가장 긴 밤. 오직 붉은 팥죽만 먹는다.

11:16 소한小寒

(1:6) 겨울의 작은 추위.

12:11 대한大寒

(1:21) 2주간의 추위, 주로 겨울 중 가장 추운 때.

12:25 입춘立春

(2:4) 봄의 시작.

한국의 날씨는 겨울에는 3일 춥고 4일 따뜻한 날씨가 반복된다고 생각되며, 여름에는 3일간 덥고, 4일간 시원함이 반복된다. 우기는 주로 6월 말과 7월이고, 6주 동안 계속되며 홍수와 많은 피해를 동반할 수 있다.

한국의 가을은 주로 청명하고 가장 상쾌하고 서늘하다. 한반도의 해변은 너무 덥거나 추울 때에도 따뜻한 해류 때문에 온화하다. 내륙지방은 훨씬 더 춥고 훨씬 더 더운 경향이 있다.

서울과 남쪽 해안지대 사이의 날씨는 봄과 가을에 두 주 정도 차이가 있다. 50마일(80km)을 뻗어 있는 산맥은 온도차가 극심하다.

공식적인 한국의 경축일과 공휴일*

양력

1월 1일*	신정新正, 새해 첫날.
3월 1일*	삼일절三一節 독립기념일, 1919년 일본 강점에 항거한 독립운동을 기념.
4월 5일*	식목일植木日, 나무 심는 날.
4월 19일	4.19의 날(四一九), 1960년 이승만 대통령 정권을 타도한 학생혁명의 기념일.
5월 5일	어린이날
5월 8일	어머니날
5월 16일	5.16 혁명의 날五一六革命日, 1961년 군사혁명.
6월 6일*	현충일顯忠日
6월 17일*	제헌절制憲節, 1948년에 채택한 헌법을 기념.
8월 15일*	광복절光復節, 1945년 일본으로부터 해방된 날을 기념.
10월 1일	국군國軍의 날
10월 3일*	개천절開天節, 단군을 기념하는 건국일.
10월 9일*	한글날, 한국의 표음 자모의 반포를 기념하는 날.
10월 24일*	유엔 데이U.N. day 국제연합의 날.
12월 25일*	크리스마스(聖誕節).

가족 관계를 나타내는 용어들

GRANDPARENTS

Chobumo (조부모祖父母)　　　　Speaking to or about grandparents collectively.

GRANDFATHER

Harabŏji (할아버지)　　　　Familiar, addressing own grandfather.

Chobu (조부祖父)　　　　Formal, speaking to or about own grandfather.

Wangbu (왕부王父)　　　　Speaking to others of own grandfather.

Sŏnjogo (선조고先祖考)　　　　Speaking of own deceased grandfather.

Chobujang (조부장祖父丈)　　　　Speaking about other's grandfather.

Wangdaein (왕대인王大人)　　　　Formal, same.

Wangbujang (왕부장王父丈)　　　　Formal, same.

Wangjonjang (왕존장王尊丈)　　　　Formal, same.

Sŏnjobujang (선조부장先祖父丈)　　　　Speaking of other's deceased grandfather.

Sŏnwangdaein(선왕대인先王大人)　　　　Same

Sŏnwanggojang (선왕고장先王考丈)　　　　Same

GRANDMOTHER

Halmŏni (할머니)　　　　Familiar in addressing one's own grandmother.
　　　　Informal, speaking to others of own grandmother.

Chomo (조모祖母)　　　　Formal, to others of own grandmother.

Chonjomo (존조모尊祖母)　　　　Speaking to others about their grandmother.

■ 이 항목들은 외국인들을 위한 편람이므로 번역하지 않고 원문 그대로 싣는다. – 옮긴이

Wangdaebuin (왕대부인^{王大夫人})   Same

Sŏnjomo (선조모^{先祖母})   Speaking of own or other's deceased grandmother.

Sŏnwangdaebuin(선왕대부인^{先王大夫人}) Same

GRANDCHILD

Sonja (손자^{孫子})   Familiar

Soson (소손^{小孫})   Formal from grandson to grandfather.

Pulch'oson (불초손^{不肖孫})   Archaic

FATHER

Abŏji (아버지)   Familiar, addressing one's own father.

Kach'in (가친^{家親})   Speaking to other about own father who is living.

Noch'in (노친^{老親})   Same

Kagun (가군^{家君})   Same

Kaŏm (가엄^{家嚴})   Same

Ko (고^考)   Speaking to other of own deceased father.

Sŏngo (선고^{先考})   Same

Hyŏngo (현고^{顯考})   Writing memorial about own father.

P'yŏnch'in (편친^{偏親})   Speaking of own widowered father.

Ch'unbujang (춘부장^{春府丈})   Speak to other about their father.

Ch'unjang (춘장^{椿丈})   Same

Ch'untang (춘당^{春堂})   Same

Chondaein (존대인^{尊大人})   Same

Puch'in (부친^{父親})   Same

Sŏnch'in (선친^{先親})   Speaking to someone about his deceased father.

MOTHER

Ŏmŏni (어머니)   Familiar form for own mother.

Moch'in (모친^{母親})   Formal in speaking of own or other's mother.

Haengtang (행당)   Same

Chach'in (자친^{慈親})   Same

Sŏnbi (선비^{先妣})   Speaking of own deceased mother.

| Hyŏnbi (현비顯妣) | Writing memorial for own mother. |
| P'yŏnmo (편모偏母) | Speaking of widowed mother. |

CHILDREN

| Soja (소자小子) | Speaking of self in relation to parent. |
| Pulch'oja (불초자不肖子) | Same |

UNCLE

Ajŏssi (아저씨)	Familiar, a nice way to address an older man of same or lower class.
Paekbu (백부伯父)	Father's older brother.
Kŭnabŏji (큰아버지)	Familiar for father's older brother.
Paengmo (백모伯母)	Father's eldest brother's wife.
Chungbu (중부仲父)	Father's second brother.
Sukbu (숙부叔父)	Father's younger brother.
Chagŭnabŏji (작은아버지)	Familiar for father's younger brother.
Sasuk (사숙舍叔)	Same
Kyebu (계부季父)	Same
Komobu (고모부姑母夫)	Father's sister's husband.
Woesamch'on (외삼촌外三寸)	Mother's brother.
Samch'on (삼촌三寸)	Father's younger brother.
Sŏnsukbu (선숙부先叔父)	Own deceased uncle.
Sŏnkyebu (선계부先季父)	Same
Sŏnpaekbu (선백부先伯父)	Own deceased father's eldest brother.
Paekbujang (백부장伯父丈)	Other's father's eldest brother.
Sŏnpaekbujang (선백부장先伯父丈)	Other's deceased father's eldest brother.

AUNT

Ajumŏni (아주머니)	Aunt in general; a nice way to address an older woman of same or lower class.
Komo (고모姑母)	Father's sister.
Kŭngomo (큰고모姑母)	Father's elder sister.

244

Chagŭngomo (작은 고모姑母)   Father's younger sister.

Chagŭnŏmŏni (작은어머니)   Father's younger brother's wife.

Sungmo (숙모叔母)   Formal for above.

Imo (이모姨母)   Mother's sister.

Kŭnimo (큰 이모姨母)   Mother's elder sister.

Chagŭnio (작은 이모姨母)   Mother's younger sister.

FATHER-IN-LAW

Changin (장인丈人)   Husband's father-in-law, wife's father.

Pingjang (빙장聘丈)   Same

Pingbu (빙부聘父)   Same

Akbu (악부岳父)   Same

Soabŏji (시아버지)   Wife's father-in-law.

Sibu (시부媤父)   Formal for wife's father-in-law.

MOTHER-IN-LAW

Changmo (장모丈母)   Husband's mother-in-law.

Pingmo (빙모聘母)   Same

Akmo (악모岳母)   Same

Oego (외고外姑)   Same

Siŏmŏni (시어머니)   Wife's mother-in-law.

Simo (시모媤母)   Formal for wife's mother-in-law.

SON-IN-LAW

Sawi (사위)   Speaking of own son-in-law.

Yŏsŏ (여서女壻)   Same

Sŏrang (서랑壻郎)   Speaking of other's son-in-law.

DAUGHTER-IN-LAW

Myŏnŭri (며느리)   Speaking of own daughter-in-law.

Chabu (자부子婦)   Speaking of other's daughter-in-law.

ELDER BROTHER

Oppa (오빠)	Older brother as called by sister
K'ŭnoppa (큰오빠)	Sister calling eldest brother
Kaundeoppa (가운데 오빠)	Sister calling middle brother
Mathyŏng (맏형)	Brother calling eldest brother.
Paekhyŏng (백형伯兄)	Brother calling second eldest brother.
Kaundehyŏng (가운데 형)	Brother calling middle brother.
Chunghyŏng (중형仲兄)	Brother calling next eldest brother.
Saje (사제舍弟)	Speaking of self to brothers.
Kaje (가제家弟)	Same
Ch'aje (차제次第)	Same
Sahyŏng (사형舍兄)	Speaking to others about own brother.
Sabaek (사백舍伯)	same
Sajung (사중舍仲)	same
Sŏnbaek (선백先伯)	Speaking of one's own deceased eldest brother.
Sŏnjunghyŏng (선중형先仲兄)	Speaking of one's own deceased second eldest brother.
Sŏnhyŏng (선형先兄)	Speaking of one's own deceased elder brother.
Paekssijang (백씨장伯氏丈)	Speaking to another about his eldest brother who is older than speaker.
Chungssijang (중씨장仲氏丈)	Speaking to another about his second elder brother who is older than speaker.
Paekssi (백씨伯氏)	Speaking to another about his eldest brother who is equal in age or rank with speaker.
Sŏnpaekssijang (선백씨장先伯氏丈)	Speaking of another's deceased eldest brother.
Sŏnjungssijang (선중씨장先仲氏丈)	Speaking of another's deceased second elder brother.
Toragasin sŏnsaengnim hyŏngnimkkesŏ	Familiar form for speaking of another's deceased brother.

YOUNGER BROTHER

Au (아우)	To someone about one's own younger brother.
Tongsaeng (동생同生)	About one's own younger brother.

| Saje (사제^{舍弟}) | Same |

Saje (사제舍弟) — Same
Aje (아제阿弟) — Same
Sagye (사계舍季) — Same
Pije (비제郫第) — Same
Maengje (맹제盲弟) — One's own deceased younger brother.
Kyessi (계씨季氏) — Other's younger brother.
Sŏnje (선제先弟) — Other's deceased younger brother.
Chane tongsaeng (자네 동생) — Younger brother, intimate.
Chane jessi (자네 제씨) — Younger brother, formal.

SON

Kaa (가아家兒) — Calling one's own son.
Tona (돈아豚兒) — Same
Miton (미돈迷豚) — Same
Misik (미식迷息) — Same
Mia (미아迷兒) — Same
Kadon (가돈家豚) — Same
Udon (우돈愚豚) — Same(foolish piglet).
Chaje (자제子弟) — Someone else's son
Yŏngyun (영윤令胤) — Same
Hyŏnyun (현윤賢胤) — Same

BROTHERS AND SISTERS

Jamae (자매姉妹) — Sisters collectively.
Hyŏngje (형제兄弟) — Brothers collectively.

SISTER

Nunim (누님) — One's own elder sister or another's elder sister.
Au (아우) — Sister, speaking to younger brother.
Namdongsaeng (남동생男同生) — Younger brother by sister.
Yŏdongsaeng (여동생女同生) — Younger sister.

Onni (언니)	Female's elder sister (in seoul also used as boy's elder brother).
Maessi (매씨 妹氏)	Someone else's younger sister, formal.
Nuidongsaeng (누이동생)	Male's younger sister.
Maehyŏng (매형 妹兄)	Elder sister's husband.
Maebu (매부 妹夫)	Same
Chahyŏng (자형 姉兄)	Same
Maeje (매제 妹弟)	Girl calling own younger sister's husband.
yŏngmaessi (영매씨 令妹氏)	Speaking to someone about her younger sister.

HUSBAND

Tangsin (당신)	Husband as called by wife.
Aegi abŏji (애기 아버지)	Ther child's father.
Kahun (가군 家君)	Wife speaking of her husband to others.
Pugun (부군 夫君)	Same
Kabu (가부 家夫)	Same
Namp'yŏn (남편 男便)	Same
Hyŏngun (현군 賢君)	Same

WIFE

Anae (아내)	Husband speaking of his wife to friend
Tangsin (당신)	Husband directly to wife.
Yŏbo (여보)	Same, especially with others present.
Ch'o (처 妻)	Same
Hyŏnch'ŏ (현처 賢妻)	Husband speaking to another about his own wife, formal.
Sirin (실인 室人)	Same
Cholch'ŏ (졸처 拙妻)	Wife calling self to her husband.
Happuin (합부인 閤夫人)	To another about his wife.
Chesu (제수 弟嫂)	Male's younger brother's wife
Samonim (사모님 師母任)	Speaking of someone's wife, usual polite form.
Puin (부인 夫人)	Same

248

Hyŏnhap (현합賢閤)   Same

Chonhap (존합尊閤)   Same

Yŏngsil (영실令室)   Same

Naesang (내상內相)   Speaking of someone's wife, archaic.

Hyŏngsu (형수兄嫂)   Male's elder brother's wife.

NEPHEW

Chok'a (조카)   Nephew on father's side of the family.

Ijil (이질姨姪)   Nephew on mother's side of the family.

COUSIN

Kojong (고종姑從)   Father's sister's children as referred to by those
                                         outside the family.

Ijong (이종姨從)   Mother's sister's children as referred to by those
                                         outside the family.

Sach'on (사촌四寸)   Cousins on father's side of family.

Naesach'on (내사촌內四寸)   Father's sister's children

Oesach'on (외사촌外四寸)   Mother's brother's children, informal.

NIECE

Chok'addal (조카딸)   Father's brother's daughter.

Ijilyŏ (이질여姨姪女)   Mother's sister's daughter.

WIFE'S BROTHER

Chŏnam (처남妻男)   Speaking of wife's brother to another.

GIRL'S ELDER SISTER'S HUSBAND

Hyŏngbu (형부兄夫)   Speaking of a girl's elder sister's husband.

Cherang (제랑弟郎)   Speaking of a girl's younger sister's husband.

한약 처방에 사용하는 한국 야생화들

한국 약재상을 들르면 많은 매혹적인 동식물군의 조각들을 보게 된다. 약을 조재하는 데 쓰는 식물과 동물 조각의 명세표는 끝이 없다. 처방전에 있는 희귀한 것 중 가장 진귀한 것은 곰의 배꼽이다. 이것은 300달러에도 팔리며 통증 부위에 직접 쓴 어떤 약도 빨아내는 자석 역할을 한다고 알려져 있다.

가장 훌륭한 약초 꽃의 명단은 오래전에 품절이 된 나의 어머니 플로렌스 헤들스톤 크레인*Florence Hedleston Crain*의 책에서 찾을 수 있다. 책의 제목은 『먼 한국으로부터의 꽃들과 민간전승*Flowers and Folklore From Far Korea*』이라고 되어 있다. 그것은 1931년 일본의 산세이도三省堂 출판사에서 7도 목판화를 써서 출판되었다. 다음 표는 어머니의 허락으로 한국 남쪽의 정월에 피는 꽃부터 이어지는 달에 따라 시작하고 있다. 작은따옴표로 된 꽃 이름은 한국 이름을 번역한 것이다.

이 불완전한 표는 이 책의 제6장 한약에 덧붙이는 참고 자료가 되고, 또 한국의 산을 등산하는 사람이나 꽃을 사랑하는 사람들에게 흥미롭게 되기를 바란다.

Camellia japonica, Linne: **Camellia**(동백나무 · 耐冬花). 마음을 안정하는 데 쓰이는 약은 이 나무에서 만든다.

Pulsatilla Koreana, Nakai: **Anemone**, ʻGrandmother flowerʼ(할미꽃 · 冠帽果). 이 꽃의 뿌리는 맥주를 넣어서 끓여 관절염에 쓰인다. 이파리는 코피 나는 데 쓰이며 강장제는 마른 씨 꼬투리로 만든다.

Caragana Chamlague, Bunger: **China Peatree**, ʻBone carrying herbʼ(골담초 · 骨擔草). 뿌리를 막걸리와 함께 설탕처럼 결정이 되게 다린 후 관절염을 위해 마신다. 뿌리는 장수에 좋다고 알려졌다. 꽃은 떡과 함께 섞어서 약으로 쓴다. 과도하게 쓰면 몸이 붓고 부종이 되며 꽃을 직접 먹으면 독약이 될 수 있다.

Corylopsis koreana, Uyeki: **Mountain Witch-hazle**, ʻCamphorʼ(장뇌 · 樟腦). 감기에는 그만이라고 알려졌는데 부기를 가라앉히는 데도 쓰인다.

Duchesnea india, Focke: **Mock Strawberry**, ʻsnake berryʼ(뱀딸기 · 鷄冠果). 이파리는 피를 멎게 하기 위해 벤 데 놓는다. 또한 월경과다와 피 나는 곳의 치료에 쓰인다.

Viola, **Violets**(오랑캐꽃 · 菫). 오랑캐꽃은 부스럼에 찜질 약으로 쓰인다.

Iris Rossi, Baker: **Mountain Iri**s(산란초 · 山蘭草). 뿌리로 만든 강장제는 정신박약에 추천되고 있다. 이것은 또한 기침에 좋은 약이다.

Rhododendron poukhanense, Levxeille & Vanoite: **Rose Azalea**(진달래꽃 · 杜鵑花). 이것은 늑막염에 좋다는 민간 치료제이지만, 한방에서는 인정하지 않는다. 한방에서는 진달래 꽃 뿌리를 기침약으로 쓴다.

Prunus persica, Batsch: **Flowering Peach**(복숭아 · 桃). 씨를 갈아서 기침약으로 쓴다. 또한 상처나 타박상에도 쓴다.

Pinellia ternata, Breitenb: **Jack-in-the-Pulpit**(천남성). 구근(球根)은 초와 함

께 끓인다. 비록 독성이 강하지만, 타박상이나 목의 가래, 후두염에 적은
양을 사용한다. 이것은 강한 독약이다.

Panax Ginseng, Mey: **Ginseng**(인삼 · 人蔘). 이 뿌리는 양기, 성욕, 힘, 또는 젊
음을 증진시키는 모든 증상에 만병통치약이다. 그 뿌리만 쳐다보아도 모
든 병이 낫는다고 한다. 술에 담근 증류액은 강력한 최음제(催淫劑)로 알
려져 있으며, 서양의 약리학자는 이 효능을 자극제와 약으로서 커피 한 잔
의 능력과 같다고 여긴다.

Cypripedium speciosum, Rolfe: **Ladies' Slipper**, 'Dog testicle flower'(개고환
꽃■; 개불알꽃 또는 요강꽃). 놀라운 두통 치료약은 이 난초의 구근으로
만든다.

Rosa Maximowicziana, Regel, var.rosacea, Nakai: **White Wild Rose**(찔레나무
꽃). 이 찔레꽃 줄기는 '더위'를 먹지 않기 위해 여름에 먹는다. 꽃잎은 말
려서 화장품으로 쓰인다.

Paeonia albiflora, Pallas: **White Mountain Peony**(함박꽃 · 赤芍藥). 붉은 뿌리
는 적혈구를 만들기 위해 처방된다. 핑크 작약의 뿌리는 하얀데 이는 피
속의 백 혈소구를 만드는 데 쓰인다. 그 뿌리는 또한 위통, 혈액구토증, 월
경과다의 치료에 쓰인다.

Clematis patens, Morr et Decne: **Large Mountain Clematis**, 'Turtle flower'(거
북이꽃; 전자련 · 轉子蓮). 뿌리는 출혈과 출혈구토를 저지한다. 열매는 심
장의 강장제로 쓰인다.

Styrax japoinca, Sieb et Zuce: **Silver Bell**(제돈과 · 齊墩果). 꼬투리에서는 기름
이 나오고 불을 밝히는 데 쓴다. 이 기름을 물에 뿌리면 고기가 죽지만 고

■ 한국명으로 '개고환꽃'의 '개'를 'dog'로 영역하고 있는데 여기서 '개'는 한자어 '假(가)'
음이 변한 것임(이하 같음). - 옮긴이

기에는 독이 들어가지 않는다. 고기를 잡는 신사답지 못한 방법이다.

Punica Granatum, Linné: **Pomegranate**, 'Rock pomegranate'(석류 · 石榴). 씨와 뿌리는 피부병이나 백태 낀 혀를 치료하는 데 쓰인다. 이들은 또 빈혈에도 쓰이며 특히 뿌리는 상내의 기생충에 대한 구충제로 매우 효과가 있다고 알려져 있다.

Hypericum Ascyron, Linné: **St. John's Wort**(문수버들). 꽃과 뿌리는 급성소화 불량에 쓰이고 피를 맑게 하는 데도 쓰인다.

Diervilla subsessilis, Nakai: **Yellow Wigelia**, 'Bottle flower'(병꽃나무 · 瓶花). 꽃 은 맥주와 함께 끓여서 요통의 치유에 쓰인다.

Gardenia jasminoiles, Ellis: **Gardenia**(치자 · 梔子). 씨 꼬투리는 열을 내리게 하 고, 목이 아플 때와 빈혈에도 쓰인다. 이 치자 씨 꼬투리로 노란 물감을 만 든다.

Lonicera japonica, Thunberg: **Honeysuckle**(인동꽃 · 忍冬花). 이 꽃은 끓여서 찜질 약으로 쓰이며 열을 내리게 한다. 그리고 줄기는 감기에 쓰인다. 꽃 은 또한 빈혈을 치료하는 데도 쓰이며 줄기는 늑막염과 신경통에 쓰인다.

Lilium lancifolium, Thenberg: **Tiger Lily**, 'Lily of 100 closings'(중나리꽃 · 百合 花). 구근은 끓여서 기침약으로 먹는다.

Hemerocallis disticha, Donne: **Yellow Day Lily**, 'Forget your troubles'(망우초 · 忘憂草). 뿌리는 변을 잘 통하게 하는 약으로 쓰인다. 이들은 독성이 있다.

Dianthus sinensis, Linné: **Wild Pink**, 'Stone bamboo'(석죽화 · 石竹花). 이 식 물은 강장제를 만드는 데 쓰인다.

Inula japonica, **Thunberg**: 'Snake Grass'(뱀풀 · 蛇草). 강장제로 쓰인다.

nelumbo nucifera var. rosea, Gaertner: **Pink lotus**, 'Daughter of the sun'(연꽃 · 蓮花). 씨는 훌륭한 강장제로 신장을 자극한다고 알려져 있다.

Pedicularis resupinata, Linne: **Heal-all**(마뇨소 · 馬尿燒). 이 꽃은 끓여서 마른 유출물들은 목의 선(편도선 등)이 부었을 때 쓴다.

Clematis chidisanensies, Nakai: **Mountain Clematis**, (덥글력굴). 이파리들을 사용해서 종기에 쓰이는 찜질약을 만든다.

Lychnis cognata, Maximowicz: **Fire Pink**. 뿌리는 두통치료에 사용한다.

Chrysanthemum sibiricum, Fischer: **Field Daisy**(들국화 · 野菊花). 잎과 줄기는 강장제를 만든다. 노란 꽃 중심부는 제충분(除蟲粉)을 만든다.

Sanguisorba hakusanensis, Makino: **Burnet**, ʻBachelor stemʼ(홀아비대). 끓여서 종기나 피부병에 쓴다. 또한 결막염 약을 이 식물로 만든다.

Cirsium Maackii, Maximowicz: **Purple Thistle**(엉겅퀴). 말라리아와 류머티즘의 치료제이다. 뿌리는 출혈을 멎게 하는 데 쓰인다.

Aconitum sinense, Siebold: **Monkshood**(부자). 매우 강한 독약으로 약한 혈액 순환을 자극하기 위해 쓰인다. 또한 젖의 분비를 증가시키고 몸을 따뜻하게 하는 데도 쓰인다.

Aconitum long-cassidatum, Nakai: **Monkey Flower**(우편 · 牛扁). 자극제로 사용되는 강한 독약.

Mentha haplocalyx, Briquet: **Menthol**, ʻMotherʼs blessingʼ(익모초 · 益母草). 이것은 조미료이다. 또한 감기와 코 막힌 것을 낫게 한다. 월경불순에 쓰이며 한국에서 부인들에게 널리 사용되고 있다.

Agastache rugosa, O. Kuntze: **Giant Hyssop**(우슬초). 박하류에 속한 약초. 강한 정화제.

Clematis apiiforia, D.C.: **Clematis**(쇠명역굴). 많은 약초 처방의 기본.

pharbitis Nil, Choisy: **Morning Glory**, ʻTrumpet flowerʼ(나팔꽃 · 黑丑花). 씨는 변을 잘 통하게 하는 데 쓰인다. 겉치레 하는 사람의 상징이다.

Platycodon glaucus, Nakai: **Blue Bells**, 'Tangerine stem'(도라지 · 桔梗). 뿌리는 매우 비싸다. 물에 끓이면 물은 매우 시다. 이것은 감기와 해열에 쓰인다.

Pueraria hirsuta, Matsumura: **Kudzu Vine**(칡 · 葛). 뿌리는 해열제로 쓰인다. 또한 술로 머리가 아플 때 좋은 치료제이다. 이상적인 숙취 치료제이다.

Lactuca denticulata, Maximowicz: **Yellow Lettuce**(고매체). 이것은 매우 유독한 식물이며 좋은 살충분을 만들 수 있다.

Cocculus trilobus, De Candolle: **Bamboo Vine**, 'Dog grapes, 개포도'(개멀구). 이 열매는 먹을 수 있다. 뿌리는 처방전의 긴 명세표 중에 기본으로 첨가된다. 딸꾹질을 멈추게 하는 데 쓰인다.

Scilla japonica, Baker: **Wild Garlic**, 'Mountain garlic'(산마늘 · 山蒜). 마늘은 어떤 독에 대해서는 해독제가 되며 많은 약재상의 합성된 처방전의 귀한 첨가물이다. 이는 과도한 긴장을 풀어주며 이뇨제로 사용된다.

Fagopyfum esculentum, Moench: **Buckwheat**, 'Square wheat'(메밀 · 蕎麥). 이것은 장티푸스 치료제이다.

Chrysanthemum sibiricum, Fischer: **Mountain Chrysanthemum**(산국화 · 山菊花). 뿌리는 끓이면 두통의 확실한 치료제가 된다. 또한 좋은 샴푸를 만든다. 꽃잎은 막걸리에 넣어서 향이 나게 한다.

Adenophora stricta, Miquel: **Harebell**, 'Lantern flower'(초롱꽃 · 燈火). 뿌리는 맥주와 함께 끓이면 류머티즘에 좋다.

Gentiana scabra, Bunge: **Blue Gentian**, 'Dragon's gallbladder'(용담초 · 龍膽草). 위장병, 담즙과다, 간의 병에 특효약이다.

Impatiens Textori, Miquel: **Jewelweed**, 'Sprit of phoenix', 'Sprit of the evening star'(들봉선화 · 野鳳仙花). 이것은 독초이다. 상한 고기를 먹은 후 소화불량이 되었을 때 쓴다. 심한 정화작용을 한다.

Celosia cristata, Linne: **Cockscomb**(계관화 · 鷄冠花). 모든 화단에 있는 이 꽃은 백대하(白帶下: 여성의 질에서 나오는 흰 냉)의 치료에 광범위하게 쓰인다.

　이상은 약 처방에 쓰이는 한국의 흔한 야생화의 개론인데, 어떻게 흔한 꽃들이 한약에서 의학적 용도로 사용되는지를 보여주기 위해서 일부만 제시했다. 불행하게도 아직까지 이 약들의 잠재력과 순수성은 한의사들에 의하여 검증되지 못하고 있다. 따라서 환자들은 아무도 그들이 약초에 너무 많이 의뢰하고 있는지 너무 불신하는지 알 도리가 없다. 많은 실수들이 일어나는 것 같고, 이 의학적 실패는 한국에 있는 현대식 병원의 병상을 채우고 있다.

한글 자모

　표음문자인 '한글' 자모는 세종대왕의 위임을 받은 학자들에 의해 고안되었으며 1446년 한자를 배우는 데 필요한 무자비한 기억의 대안으로 일반 대중이 읽을 수 있도록 쉽게 만들어졌다. 전해진 이야기에 의하면, 미닫이문의 창틀 선의 도안을 깊이 생각하는 가운데 표음문자체의 부호에 대한 생각이 왕에게 떠올랐다고 한다. 아무튼 그 체계는 사람이 상상할 수 있는 가장 질서정연하고 쉬운 것 중 하나이다. 자모는 현재 10개의 모음과 14개의 자음으로 되어 있는데 이것이 배워야 할 전부다. 그들은 또한 질서정연하고 기억하기 쉽다. 교육을 받기 위해서 기억해야 하는 3만 개 정도의 한자와 얼마나 큰 대조를 이루는가!

　다음은 모음과 자음의 일람표이다. 이것들은 소리를 만드는 건물 벽돌처럼 함께 놓여 있다. 그래서 만들어진 문자는 본질적으로 아무 뜻이 없다. 다만 단어의 소리를 나타내는 것뿐이다. 그래서 음성에 관한 한, 사람들은 거의 모든 언어를 한국의 표음문자로 기록할 수 있다. 한국어에서는 찾을 수 없는 몇 개의 발음도 있는데 F, V, W, 그리고 Z 같은 것이다. 한국어 자음에는 유기음有氣音과 무기음無氣音이 있다. 그 유기음은 로마자 표기의 멕쿤-라이샤우어McCunne-Reischauer 체계에 따라 로마자화한 단어 뒤에 소유격 표시를 했는데 이 책에 전체적으로 쓰였다. 유기음이란 글자의 소리를 내는 동안에 사람이 숨을 불어내는 것을 의미한다.

자음

	무기음(평음)		유기음(격음)		중자음(경음)
ㄱ	k(g)	ㅋ	k'	ㄲ	kk
ㄴ	n				
ㄷ	t(d)	ㅌ	t'	ㄸ	tt
ㄹ	r(l)				
ㅁ	m				
ㅂ	p(b)	ㅍ	p'	ㅃ	pp(bb)
ㅅ	s			ㅆ	ss
ㅇ	무음 또는 ng				
ㅈ	ch(j)	ㅊ	ch'	ㅉ	tch
ㅎ	h				

모음

	단순모음		중모음	
ㅏ	a	ㅏ + ㅣ = ㅐ	ae	
ㅑ	ya	ㅗ + ㅏ = ㅘ	wa	
ㅓ	ŏ	ㅜ + ㅓ = ㅝ	wŏ	
ㅕ	yŏ	ㅑ + ㅣ = ㅒ	yae	
ㅗ	o	ㅗ + ㅏ + ㅣ = ㅙ	wae	
ㅛ	yo	ㅜ + ㅓ + ㅣ = ㅞ	we	
ㅜ	u	ㅓ + ㅣ = ㅔ	e	
ㅠ	yu	ㅗ + ㅣ = ㅚ	oe	
ㅡ	ŭ	ㅜ + ㅣ = ㅟ	wi	
ㅣ	i	ㅕ + ㅣ = ㅖ	ye	
		ㅡ + ㅣ = ㅢ	ŭi	

문자는 자음과 모음을 좌로부터 우로 또는 어느 때에는 위로부터 아래로 더해서 만들어진다. 여러 가지 기호의 조합은 다양한 소리를 만들어낸다. 몇 가지 실례를 아래에 든다.

ㄱ(k) + ㅏ(a) = 가(ka)

ㄴ(n) + ㅑ(ya) = 냐(nya)

ㅂ(p) + ㅓ(ŏ) = 버(pŏ)

ㅅ(s) + ㅗ(o) = 소(so)

ㅈ(ch) + ㅜ(u) = 주(chu)

ㄱ(k) + ㅏ(a) + ㅇ(ng) = 강(kang)

ㄷ(t) + ㅓ(ŏ) + ㅇ(ng) = 덩(tŏng)

ㅇ(no sound) + ㅏ(a) = 아(a)

ㅇ(no sound) + ㅗ(o) = 오(o)

ㅎ(h) + ㅏ(a) + ㅣ(i) = 해(hae)

ㅈ(ch) + ㅡ(ŭ) + ㅣ(i) = 즤(chŭi)

ㅋ(k') + ㅗ(o) = 코(k'o)

ㅍ(p') + ㅣ(i) = 피(p'i)

ONE SET			
가	ka	교	kyo
갸	kya	구	ku
거	kŏ	규	kyu
겨	kyŏ	그	kŭ
고	ky	기	ki

한국어에 정통해 있지 않은 사람이라 할지라도 발음은 쉽게 배울 수 있다. 그래서 사람들은 한국의 이름과 장소를 정확하게 발음할 수 있고 길가의 표지판을 읽을 수 있다. 이들은 대부분 요즘 한국 표음문자로 된 영어이기 때문이다. 예를 들면 다음의 표와 같다.

호텔(ho t'el)	ㅎ (h) + ㅗ (o) = 호 (ho)
Hotel	ㅌ (t') + ㅔ (e) + ㄹ (l) = 텔 (t'el)
페인트(p'e in t'ŭ)	ㅍ (p') + ㅔ (e) = 페 (p'e)
Paint	ㅇ + ㅣ (i) + ㄴ (n) = 인 (in)
	ㅌ (t') + ㅡ (ŭ) = 트 (t'ŭ)
버스(pŏ sŭ)	ㅂ (p) + ㅓ (ŏ) = 버 (pŏ)
Bus	ㅅ (s) + ㅡ (ŭ) = 스 (sŭ)
크라운(k'ŭ ra un)	ㅋ (k') + ㅡ (ŭ) = 크 (k'ŭ)
	ㄹ (r) + ㅏ (a) = 라 (ra)
Crown	ㅇ + ㅜ (u) + ㄴ (n) = 운 (un)

McCune-Reischauer System for
the Romanization of Korean

By courtesy of the Royal Asiatic Society, Korea Branch

(from the Transactions Vol. XXXVIII, Page 128)

SIMPLIFIED TABLE
(Sufficient for the transcription of most proper names)

Final \ Initial		ㅇ *1	ㄱ K	ㄴ N	ㄷ T	ㄹ (R)	ㅁ M
ㄱ	K	G	KK	NGN	KT	NGN	NGM
ㄴ	N	N	N'G	NN	ND	LL	NM
ㄹ	L	R	LG	LL	LT	LL	LM
ㅁ	M	M	MG	MN	MD	MN	MM
ㅂ	P	B	PK	MN	PT	MN	MM
ㅇ	NG	NG	NGG	NGN	NGD	NGN	NGM

1. A consonant between two vowels is transcribed with its initial value except that ㄱ is G, ㄷ is D, ㅂ is B, and ㅈ is J.

ㅏ	ㅑ	ㅓ	ㅕ	ㅗ	ㅛ	ㅜ	ㅠ	ㅡ	ㅣ
a	ya	ŏ	yŏ	o	yo	u	yu	ŭ	i

ㅂ	ㅅ	ㅈ	ㅊ	ㅋ	ㅌ	ㅍ	ㅎ
P	S²	CH	CH'	K'	T'	P'	H
KP	KS	KCH	KCH'	KK'	KT'	KP'	KH
NB	NS	NJ	NCH'	NK'	NT'	NP'	NH
LB	LS	LCH	LCH'	LK'	LT'	LP'	RH
MB	MS	MJ	MCH'	MK'	MT'	MP'	MH
PP	PS	PCH	PCH'	PK'	PT'	PP'	PH
NGB	NGS	NGJ	NGCH'	NGK'	NGT'	NGP'	NGH

2. ㅟ is romanized SHWI.

ㅘ	ㅝ	ㅐ	ㅔ	ㅚ	ㅞ	ㅢ	ㅙ	ㅞ	ㅒ	ㅖ
wa	wǒ	ae	e	oe	wi	ǔi	wae	we	yae	ye

262

한국 문화 이야기 – 인돈학술총서2

2011년 7월 1일 초판 1쇄 인쇄
2011년 7월 12일 초판 1쇄 발행

지은이 | 폴 클레인 옮긴이 | 천사무엘 · 김균태 · 오승재
펴낸이 | 김영호
펴낸곳 | 도서출판 동연
편집 | 조영균 디자인 | 이선희 관리 | 이영주
등록 | 제1-1383호(1992. 6. 12)
주소 | 서울시 마포구 망원2동 472-11 2층
전화 | (02)335-2630
전송 | (02)335-2640
이메일 | ymedia@paran.com
Copyright ⓒ 동연, 2011

이 책은 저작권법에 따라 보호받는 저작물이므로
무단 전재와 복제를 금합니다.
잘못된 책은 바꾸어드립니다.
책값은 뒤표지에 있습니다.

ISBN 978-89-6447-151-7 93200